U0568961

做一个灵魂有香气的女教师

李迪 著

中国人民大学出版社
·北京·

自序

有一份欢乐的空白要填充

这是一个令人怦然心动的句子——做一个灵魂有香气的女人。所以，当我在QQ群里看到一段关于“灵魂有香气”的文字，毫不犹豫地转发到微信朋友圈后，片刻间迎来亲朋好友们的一条条评论：

“哈哈！是你自己写的吧！”

“你说的不就是你自己吗？”

…………

我恨不能指天发誓：“绝不是我写的！”但他们固执地不相信。

请看下面这段文字。

灵魂有香气的人会每日读书，不为名利，只为喜欢，只为让自己有更好的谈吐和见识。

她们会坚持锻炼，为了有一个健壮的体魄。

她们行走在路上，坚定而又决绝。

她们从不轻易落泪，从不轻易服输。她们清楚地知道自己要什么，她们为灵魂的自由努力抗争着，让自己有能力拒绝，也有能力接受。

她们会感恩，会感谢生命里的每一次相遇和相离。她们不会强求没有结局的感情，不会任别人把自己弄得遍体鳞伤。

她们热爱生活，充满朝气，常常微笑，跟随自己的心，做喜欢的事，交喜欢的朋友。

…………

真的像是在描绘我的生活。

闲暇时我会想，女教师追求的应该是什么？和睦的家庭、健康的身体、完美的爱情、妙趣横生的课堂、受学生欢迎的人格……不同的人有不同的答案。美国著名人际关系学大师戴尔·卡耐基在接触大量案例后发现：幸福的女人追求的是不断升华的自我，她们以智慧面对人生中所有的幸与不幸，始终面带微笑，一如既往地洒脱，不仅身体散发着迷人的味道，灵魂也充满了香气。

我希望做这样灵魂有香气的女教师：几十年如一日地阅读、写作，不为名利，只为享受读写带来的宁静和深邃，以及我在课堂上激扬文字时，学生听得如醉如痴，亦或恍然大悟的感受；我每天锻炼身体，只为保持身心健康，以便在上班时送给学生太阳般的温暖和光亮，在下班后带给家人素月般的温馨和柔情；我努力让自己美美地活着，是为了用自己的美，引导学生感知美、了解美、热爱美、追求美……

我很痴迷和学生一起成长的感觉。十几年前，我带的班级是纯女生班，我的学生一部分来自农村，她们没有用过抽水马桶，开学初，宿舍的厕所一天会堵四五次；她们不会过马路，不会用银行卡，不会说普通话……所以，从迎接新生报到的第一天开始，我就要兼任生活老师，反复提醒她们，如何过马路，如何使用抽水马桶……尤其让我操心的是：她们在农村习惯了往院子里泼脏水，如今住到楼上，还是习惯性地将脏水从阳台上泼出去，有时会正好浇行人一身……所以我要不停地引导和教育……很烦琐吗？其实一点也不。看着她们一天天变得彬彬有礼、光彩照人，那真是一种享受。

灵魂有香气的女教师是这样的：我做，是因为我发自内心地想做，根本就不是为了获得别人的认可，我为的是自己的心；就算没有一个人欣赏我，我依然要开花给自己看。

不知从何时起，部分年轻教师认为，每天回家后，要把工作抛至脑后，甚至夫妻俩在同一所学校任教，回家后也绝不再提工作。

他们的观点，我不敢认同。

读书和反思已经成为我生活的一部分。无论是在月下散步、窗前沉思，还是在火车站候车，我都在想着课堂，想着学生的问题。从2005年起，我每天都写班级成长日记，反思课堂上有哪些经验可保留，与学生谈心有几处失误需补救……看电视剧《芈月传》，我深夜写观后感——《谁害死了魏美人》；看微信朋友圈里的文章受到启发，我会想如何在教育中应用……

一个灵魂有香气的女教师，在单位活色生香，在家里也能散发出温暖和光亮，她会用自身的积极上进，给孩子做好爱学习、爱生活的榜样……

有人对我说：就算你这么用心生活、工作，又能怎样呢？几年后，学生还是要毕业，你还是要从头做起，那些熟悉得不能再熟悉的教材一再重复教，有什么新意？60岁以后，你还不是一样退休？80岁以后，你还不是一样皱纹满面鬓如霜？

但是，我享受了人生的过程啊！

我想起了古希腊神话中的西绪福斯，他因为触犯了天神，泄露了天机，被处罚把一块巨石推到一座山上去，无论他怎样努力，这块石头总是在到达山顶之前会滚落下来，于是他只得重新去推，永无休止。

很多人觉得，教师的工作就像西绪福斯推石头，没有任何意义。与其这样认为，毋宁说我们人类是在不停地推石头上山，整个人类都是荒诞的——无论怎么努力，最终都难逃生老病死的人生规律。

但是，如果一个人不推石头了，那又用什么来证明他的存在呢？

或者，我们想象两种人：一种人不知道自己的生活是荒诞的，而生活在荒诞中；另一种人知道自己的生活是荒诞的，但仍然推石头上山。哪一种生活更像悲剧呢？

哲学家加缪认为，前一种人的生活更像悲剧，因为他的荒诞甚至不属于他自己！而后一种人，也就是“西绪福斯”，虽然他的命运也是荒诞的，他的处境也没好到哪里去，但他知道自己唯一可以做的就是继续推石头。直到有一天，他发现他可以蔑视自己的命运，甚至用享受这个过程去否定天神对他的惩罚。他支配了他自己的荒诞，因此他是幸福的。

作为普通人，我们都知道自己改变不了终将老去的生命轨迹。我们唯一可以做的，就是珍惜每一天，享受这个“推石头”的过程，努力在生活中创造、开启、润泽……拒绝重复、封闭、枯燥、灰暗，不允许自己在变老的路上，一天天变得空虚、庸俗、丑陋……因为这种感觉很容易让人倦怠并心生抱怨，进而将工作视为不得不背负的用来换取面包的劳役，误认为“真正的生活”似乎在别处，在逛街、看电影、刷朋友圈、网上购物等之中。

如果你将生活、工作视为不得不背负的重担，那么，无论这块石头有多轻，你都无法摆脱生无所恋的感觉。

蓦然想起狄金森的诗《我们有一份黑夜要忍受》。

我们有一份黑夜要忍受，
我们有一份黎明。
我们有一份欢乐的空白要填充，
我们有一份憎恨。

这里一颗星那里一颗星，
有些，迷了方向！
这里一团雾那里一团雾，
然后，阳光！

目录

上 用智慧浇灌工作

用爱经营家庭

下
内外兼修，做更好的自己

上

用智慧浇灌工作

第一章

学生——用尊重赢得尊重

曾有读者朋友在看了我写的班级日记后感叹：“李老师，你和学生之间的关系怎么那么好？像朋友，又像姐妹，我怎样才能达到你这样的程度啊？”

但也有年轻教师很焦虑地问我：“李老师，我们班学生和我的感情很好，有时候我觉得他们在我面前说话没大没小，似乎要失去分寸了。我该怎样把握与学生交往的‘度’呢……”

下面，我们就谈谈师生交往的尺度问题。

1. 年轻教师不妨让学生对自己的称呼中规中矩

在《班主任之友》创刊30周年活动中，有一个话题由学生对老师的称呼导出，讲台上全国著名的老、中、青班主任各抒己见。比如陈宇老师的学生叫他“老板老班”；钟杰老师的学生叫她“美猴王”，因为她喜欢亲昵地叫学生“小猴儿”；一些年轻教师说学生称自己“老大”“某哥”等……

这时，李镇西老师说，很多学生叫自己“西哥”，他觉得没什么不好，照单全收。便有老师对他说：“李老师的教育理念走在了您那个时代的前列，所以您能接受这样的称呼……”

总之，那天的讨论似乎给听众们这样一个印象：年轻一点的教师，如果乐意接受学生各种亲昵的称呼，就标志着他们思想开明，有个性；而年长一点的教师，如果喜欢个性化的称呼，便是走在了同龄人的前列……

事实果真如此吗？

中午就餐时，我听到一个教师说，他所在学校的一位年轻班主任也被学生称作“老大”或“某哥”。这位小伙子平日和学生打成一片，如今学生根本不把他放在眼里，班级乱得快要收拾不住了……

再想想我自己的经历，学生对我的称呼一向中规中矩，这是否就说明我对学生不够平等、开明呢？

我认为学生对教师的称呼不过是一个代号，一种符号，与教师开明与否根本无关。不过学生对教师的称呼，在一定程度上能反映出教师的个性，以及师生关系的类型等。

比如，学生叫你“老大”，你自己也默认了这一称呼，可能反映出你在学生心里有一定的威信。学生认为你比较讲义气，学生愿意跟你走、听你的话；而你也乐于以“老大”的身份去引领他们，为他们排忧解难。这样的教师一般与学生交往顺利，没有代沟，深受学生的欢迎，班级凝聚力较强。

如果学生叫你“宏哥”“强哥”等，其中蕴意是你可能比前面的“老大”更有亲和力。以李镇西老师这样的年龄，也被学生称作“西哥”，除了因为学生佩服他、认可他、愿意亲近他，可能还有另一重含义：李老师心态年轻，学生往往忘记了他的年龄。这当然也属于深受学生欢迎的老师类型。

钟杰老师的学生叫她“美猴王”，这与其说是学生对她的称呼，不如说是她自己对自己的称呼，因为是她先叫学生“小猴儿”的。这也反映出，钟杰老师对学生的顽皮、淘气颇能谅解，甚至有一点点欣赏。而她自己也认可了“孩子王”的身份，且在这样的身份里工作得津津有味。

老师对学生“赐予”自己称号的接纳程度，也能反映出老师的心态、价值观。因为我们在潜意识里，都有对自己形象的期盼，倘若学生对老师的称呼不符合自己的意愿，老师肯定是不开心的。比如，我有一个学生，她说自己的初中数学老师脾气古怪，对学生特别严厉，大家背后都叫她“灭绝师太”——这样的称呼表示排斥、轻蔑、厌恶。老师知道了自然会伤心，但在伤心之余，是否应该反思一下?

前文已说过，学生对年龄不算太大、性格比较开朗、据说很有亲和力的我，称呼向来中规中矩。其中缘由是，我很在意学生对自己的称呼。每次接手新的班级——无论我是不是他们的班主任，都会在第一节课上隆重介绍我的姓名、兴趣、爱好、人生信念，并告诉他们：“我们每个人都是独一无二的，每个人都拥有自己独特的名字，我们应该用言行美化自己的名字，让别人一听到自己的名字就感觉温暖，而不是厌恶、仇恨、不寒而栗……为此，我会努力修身养性，善待身边的每一个人。我喜欢同学们叫我‘李迪老师’，因为，我希望自己的名字能给你们带来温暖，给自己带来自豪……”

因此，只要是我教过的学生，无论在什么地方看见我，都会远远地打招呼：“李迪老师好！”我也会非常热情地回应他们。

再看看《校园先锋》里南方老师在介绍自己时说的话：“你们以前叫我爸爸‘老南’，但是你们不能叫我‘小南’。你们可以叫我‘南方老师’或‘南方同志’……”

可见，并不是所有年轻教师都能接受学生对自己的“没大没小”。就我个人而言，我不喜欢学生叫我“老大”“班头儿”“美女老师”“老李”等。如今我扪心自问：“为什么？”

前文所说的李镇西老师、钟杰老师，包括南方老师的父亲等，他们因充满教育智慧，在学生中有不怒而威的气场。无论他们怎么放下身段，学生都会对他们毕恭毕敬。而其他初为人师的年轻人或者个人魅力尚待提升的柔弱型教师呢？这样照搬专家们的做法，就有点危险了。

比如，我之所以要求学生叫我“李迪老师”，除了因为我比较喜欢“李迪”这个名字外，还因为我深知自己大学毕业后就进入中学工作，我涉世不深、性格单纯，如果我和学生的关系过于亲密，可能导致师生角色失调。我本能地担忧学生与我的交往没深没浅，因此，我才时不时地提醒他们——我是老师！我是长辈！

很多时候，这样的提醒是非常有必要的。因为顽皮淘气的学生，总是本能地想挑战成年人的权威。

比如，初为人师时，我在一个纯男生班上课（我不是他们的班主任），忽然，一个男生一边用手指着他的同桌，一边大声笑着对我说："哈哈，他说他喜欢你。"——语气中的"喜欢"明显超出了师生间互相喜欢的范畴，于是，很多学生等着看笑话。我马上惊喜地说："是吗？孩子，老师也喜欢你。"

我的一个"孩子"，再加上"老师"，就提醒了学生彼此的身份。教室里所有的学生都释然了——虽然那时候，我比学生大不了几岁，但事实上，我就是他们的长辈。他们在称呼我的时候，必须中规中矩。

所以，中规中矩的称呼，是避免师生角色失调的良方，它可以提醒学生：师生在学校各自扮演着不同的角色，整个社会对老师和学生的行为方式都有期待，偏离这个期待，就会遭到异议或反对（此乃角色期待），因此我们时刻要明白什么该做，什么不该做（此乃角色领悟），然后不断调整自己的行为，塑造自己，提升自己（此乃角色实践）。

温馨提示

1. 学生对教师的称呼和教师的年龄、心态也有一定关系。比如，随着年龄的增长，除了"李迪老师"这个称谓，我还喜欢"迪姐姐"等称谓。
2. 教师应该在和学生初次见面时就提醒学生，不能对教师有负面评价的称谓。

2. 我建议，你选择……你面对，我陪伴

中午，华老师来找我，开门见山地说："我班上的学生现在很消极，他们不吵、不闹，他们不明着跟我作对，但是对班级活动中我布置的任

务，一定会拖拖拉拉，不积极完成……”

华老师是一个颇有上进心的年轻姑娘，虽然初为人师，但因学识渊博、气质高雅、极具亲和力、喜欢和学生在一起玩耍聊天等，深受学生喜欢。学校领导、同事也很看好她，认为她天生是一块当班主任的“料”，前途不可限量。

我问华老师：“是什么样的活动令学生不热衷？”——有时候，学生对班级议事中的“事儿”本身不感兴趣，必然不积极参加，这怨不得学生。

华老师说：“过段时间，学校要举办合唱比赛。我为大家选了《怒放的生命》作为参赛歌曲，让他们上晚自习的时候把歌词抄下来。但是，两天过去了，还是有三四个学生坚持不抄歌词。今天早读的时候，我说：‘同学们，你们在吃午饭前必须把歌词抄下来，如果哪位同学没抄，老师就和他一起饿肚子，陪着他抄，直到他抄好……’结果，今天上午放学后，有两个同学依然没有抄写歌词。无论我怎么跟他们做思想工作，他们就是趴在桌子上不动。”原来是合唱比赛，这应该是学生喜欢参与的活动，论理不该消极应对。我便问：“后来呢？”

“后来在我的陪伴下，其中一个同学抄了，但另一个还是不抄，是他的好朋友替他抄的。”

“他的朋友替他抄歌词的时候，他是什么表情？”

“他就那么懒洋洋的，一副无所谓的样子。朋友替他抄完后，我提醒他：‘你要谢谢你的好朋友。’他才懒懒地说了声‘谢谢’。然后我们就离开教室，我就来找您了。”看起来学生并不过分讨厌班主任，师生关系没有“闹崩”。

我问：“学生一直这样和你软抵抗吗？”

华老师说：“不是的。学生虽然调皮，但他们讲道理，知错一般都能改。前几天，有几个学生因为打篮球上课迟到，根据班规我惩罚他们打扫卫生，他们心服口服，打扫结束后还在微信上发了照片，说让同学们看看他们的劳动成果。”

我问：“在挑选合唱曲目之前，你有没有和学生商量？”

华老师说：“当然商量过。上周，我和同学们一起商量唱什么歌曲时，同学们都很积极，他们一致要求唱周杰伦的歌。我觉得不好，周杰伦的那支歌旋律不强，吐字又快，嘟嘟囔囔的，我觉得同学们根本就唱不整齐。但是，班里有七八个男生非要唱那首歌，音乐委员还跑到讲台上给大家做示范。我坚决反对，他们才放弃。后来他们又要唱《小苹果》，我觉得《小苹果》娱乐性太强，根本不励志，最后我决定合唱《怒放的生命》……"

读者诸君，听到这里，您知道华老师和学生之间闹不愉快的症结所在了吗?

班级议事是培养学生民主素养的有效方式之一。议事的过程，也是一个相互妥协的过程。但是，在华老师和学生议事的时候，却只有学生的妥协，没有老师的妥协。学生被否定的次数多了，忍不住就会想："既然老师都想好要唱哪首歌曲了，又何必来议事？"还好华老师平时比较有亲和力，倘若换成和学生关系不太融洽的老师，学生说不定在议事中就会撂挑子。现在的情况是：同学们尽管对华老师心存不满，却没有明说，只是消极怠工：我不是不会抄歌词，而是不想抄——非不能也，乃不为也。他们是以此来向老师表达自己内心的不满。

现实里我们常常会遇到这样的情况：教师明明很想在班级里营造一种民主的氛围，内心深处也特别希望自己能民主带班，他们最大的愿望是能带出一批有思想的学生，但每每遇到竞赛、评奖等事宜，就特别紧张。尤其是一些年轻教师，特别渴望来自外界（主要是领导）的认可，他们不放心学生的眼光，要越俎代庖，将自己的见解强加于学生。如此干涉过多，最终会导致班级议事成为形式——这是班级议事最容易出现的问题之一。

有的教师可能会说：那能怎么办呢？周杰伦的歌吐字太快，确实不适合中学生合唱，《小苹果》又太软绵，哪里有《怒放的生命》那么激越啊！如果任由学生选择，比赛时肯定会一败涂地。学生年龄小，他们的审美观根本就不可信嘛……

但是，华老师这样固执地不肯妥协，学生就能唱好《怒放的生命》吗？他们甚至连歌词都拒绝抄。他们觉得，老师否定的不是他们选择的歌曲，而是他们的审美能力。其实，老师在班级议事中的任务是给学生提出建议，让学生选择。或者说，老师在班级议事中应该做的是：我建议，你选择；你选择，你负责；你负责，你面对；你面对，我陪伴。学生一心一意要唱周杰伦的歌曲，而对老师的建议置之不理。好吧！没关系！老师且妥协一下，就让他们唱这支歌（这就是“我建议，你选择”），规定好两天之内大致学会并唱整齐（这叫“你选择，你负责”）。但估计两天下来，他们就知道那首歌曲不适合大合唱（这是“你负责，你面对”）。这时，老师和学生一起面对（这属于“你面对，我陪伴”），老师继续建议，继续让学生选择。如果他们“不听老人言”，放下周杰伦的歌曲，又选择了《小苹果》，我们也不用着急啊！我们不但不反对，还可以继续陪伴他们面对：将《小苹果》这首歌曲稍微改编一下，用轻快甜美的声音唱出来，略微带点表演特性，效果应该不错。我是音乐教师，据我所知，真正有魅力的合唱曲目，不一定要气势磅礴、铿锵有力。最能打动人心的中学生合唱，向来不是那种大吼大叫的声音，而是轻快、柔美、阳光向上、层次丰满而和谐的曲目。比如《赶圩归来阿哩哩》《含苞未放的花》等，需要演唱者集中注意力，专注地倾听别人的声音，并控制自己的音量，调整自己的音色，与他人的歌声尽可能和谐。这本身就是议事的特点——让自己的声音与整体融为一体，呈现和谐而丰满的效果。而大吼大叫的歌声，容易导致学生只顾自己歌唱，不顾整体声音是否和谐。这不是合唱比赛的目的，合唱是培养学生的倾听习惯，也是培养学生与人合作最好的方式之一。“弟子不必不如师”，当学生的见解比教师的见解好时，教师要有放弃自己、成全学生的气度。教师永远只是学生成长道路上的啦啦队，只能为他们加油，不能替他们跑步。

倘若学生选择的歌曲实在不适合班级合唱——比如《小苹果》也唱不好，没关系！我们继续给建议，让学生继续选择并对自己的选择负责。过两天学生唱不好了，会再次改变。这时，老师的建议就可能成为学生的首选了。当学生感受到了班级议事中的“事儿”就是自己的“事儿”，他们发自内心地想做好这些“事儿”，愿意唱好某支歌，便会用心练习。当所有同学都很用心的时候，短时间内练好一支难度不大的歌曲绝非难事。而教师任意干涉的结果，可能是学生根本就不好好练——连歌词都拒绝抄，你还能指望他们用心倾听别人的声音，并控制自己的音量吗？就算大部分学生愿意听从老师的安排，也不可能所有学生都那么配合。合唱一向是需要所有人配合用心，才能组织好的活动，哪怕有一个学生心不在焉，都会影响整体效果。

也许，有的教师认为班级活动中这样的议事费时费力，却难以获得好的效果。但学生在议事过程中成长了，或者他们明白了“不听老人言，吃亏在眼前”的道理，这就是一种收获。

温馨提示

1. 从管理的时间来看，班级议事有其弊端，最大的弊端是效率不高。相比之下，“一言堂”效率最高，但“一言堂”培养出来的学生民主意识和独立思考的能力较弱。因此，从长远发展来看，教师还是要让学生“在民主生活里学习民主”。
2. 并非所有的事情都要听取学生的建议。有些事情是不值得商议的。比如，关于冬天的早上要不要跑操的问题。如果教师听取学生的意见，估计多数同学会反对跑操。在学生的价值观等有了偏差后，教师一定要进行引导。比如我的班级日记里有一篇文章，是关于为贫困学生申请补助时学生贿票的故事。在那个事件里，我当机立断严厉批评参与贿票的学生。关于能否贿票，根本就不用讨论，那是绝对不可以的。因此，关于班级议事中的“我建议，你选择；你面对，我陪伴”也要做到具体问题具体分析。

3. 从“疾恶如仇”到“从善如流”

周末，我到某职业学校与老师们交流。中场休息时，一位年轻女教师私下里找我说："李老师，我是护理专业的数学老师。我所教的一个班里，有几个女生特别坏，我该怎么教育她们呢？"我发现很多教师在相互交流时，都会很笼统地说学生很调皮、很"坏"，至于怎么个"坏"法，却不详细说，只是着急地问"我该怎么办"。

我便引导她说说学生怎么个"坏"法。

这位老师认真想了想说："是道德败坏的那种坏。"

我还是迷惑："你能举个例子说明一下吗？"

"比如，有一次晚自习，那几个女孩子竟然把男性生殖器的图片，用手机通过电子白板播放给同学们看……后来，我批评她们，她们还满不在乎。我问她们为什么这么做，她们说：'没想那么多，就是感觉很好玩……'这明显是搪塞我，她们简直没有廉耻。您要是遇到这样的问题，会怎么处理……"

看着满脸焦虑的年轻女教师，我的脑海里波涛般涌现一个故事：方丈带着两个徒弟云游，见到一块像女人形态的石头——大石头背着小石头。小徒弟说："这个女人好贪婪，背上背块大金子。"大徒弟斥责道："胡说，这哪是金子，分明是母亲背着一个孩子。"师父抚了抚大徒弟的头，微笑着说："对，是慈母背子。"小徒弟辩解："师父，您不公平，小石头没发、没眼、没脸，哪像一个孩子啊？它只是一块金子。"师父说："孩子，你现在还不懂。视人为佛，人人皆佛；视人为魔，人人皆魔……"

我告诉这位年轻的同行，教师遇事明辨是非固然很重要，但最好不要"疾恶如仇"，而应该"视人为佛"，以达到"从善如流"的效果。因为，班级里的学生千姿百态，有的好学上进、积极阳光，有的桀骜不驯、调皮顽劣。我们不能一厢情愿地只喜爱接纳自认为"好"的学生，而厌烦排斥调皮顽劣的孩子。这几个女生将男性生殖器的图片上传到教室里的电子白板上播放，的确令人惊诧。但是，何必就把她们定性为"道德败坏"呢？何必一口咬定她们是"魔"呢？

我谈到以前听说的一个类似的案例：某初中二年级一个女生正处于生理期，女孩子下课后去上厕所了，几个调皮的男生竟把她书包里的卫生巾偷偷拿出来，拆开看……女孩子回到教室，得知此事后当场被气哭，她认为这是天底下最丢人的事。同学们也义愤填膺，用“不要脸”等骂人的话去指责那几个男生，并把此事告诉了语文老师。

读者诸君，您认为那几个男生真的就“不要脸”吗？

语文老师是一个初为人师的年轻女孩子。她听了同学们的诉说后，先去安慰哭泣的女孩子，并把自己的卫生巾借给她用。然后，趁着没课，她骑自行车回家，把自己家里所有型号的卫生巾都收集到一起，又到超市里购买了一些所缺型号的卫生巾。下午的语文课上，老师让同学们将教室门窗关好，拉上窗帘，说：“今天，我们要开一个特别的班会——认识卫生巾。”然后，她将包里的卫生巾一个个拆开，展示给学生看，讲解给学生听。至于她是怎么讲的，我不太清楚。不过，我相信这节班会课肯定是成功的。如果我遇到类似的情况，我一定会在讲解时将物理、化学、生理卫生的知识糅合进去，并告诉班上的男生：“女孩子在生理期时身体会出现种种不适，比如身体乏力、肚子疼、怕冷水等，这时候，作为同班同学，男生应该主动承担起更多的清洁工作。”

这样的班会结束后，我相信那个正处于生理期的女孩子便不会感觉太丢人了。那几个调皮的男生，还会偷偷研究女同学的卫生巾吗？全班同学还会认为那几个男生“不要脸”吗？答案肯定是否定的。相反，如果老师找到那几个男生狠狠地（或悄悄地）批评一通，告诉他们做这样的事情很无耻，或者告诉他们只有坏孩子才会做这些事……那几个调皮的男生说不定会因愧疚而产生心理阴影；或者在悔恨中自我否定；或者叛逆起来，真的成为“问题学生”。

这就是“视人为佛，人人皆佛；视人为魔，人人皆魔”。

其实，类似的例子在社会上、生活中也很常见。比如，我曾在网络上看见这样一则新闻：2013年12月的一天傍晚，秦皇岛市民米女士骑着电动车带着小学一年级的女儿天天在回家的路上，被一名挥舞着砍刀的年轻男子拦下：“打劫！我数三下，掏钱！”男子大吼道。

米女士赶紧掏出了身上带的全部现金——230元。男子一看瞪大了眼：“太少了！”他继续挥舞着砍刀威胁米女士，打算让她到附近银行取钱。

就在此时，米女士只有6岁的女儿挺身而出，挡在母亲身前，从文具盒里取出两个一元硬币，递到男子面前，小声说：“叔叔，我这儿还有两块钱的零花钱。你放了我和妈妈吧，别抢钱了，快回家吧。”

看到这个天真善良的小女孩，男子愣住了，他陡然间良心发现，说：“你们走吧，我数三下，你们赶紧走！”

米女士见状，带着女儿匆匆离开，并报了警。

落网后的抢劫者在向警方交代抢劫过程时，泪流满面地表示：“如果当时不是小女孩的那句话，我可能会铸成大错！”抢劫者当时只有20岁，整日游手好闲，喜欢赌博，此前曾因盗窃罪被抓。这次因良心发现，他从2013年12月案发到落网，期间再没犯案。

为什么一个孩子的几句话，就能让抢劫者悔过自新？因为孩子天真善良，心中有佛。她看到的是叔叔，不是歹徒；她小声劝说的是“快回家吧”，而不是声色俱厉、疾恶如仇地说：“恶有恶报！迟早有一天你会进监狱……”

《道德经》有云：“圣人常善救人，故无弃人；常善救物，故无弃物。是谓袭明。故善人者，不善人之师；不善人者，善人之资。不贵其师，不爱其资，虽智大迷……”

也就是说：圣人以永恒的善去普救世人，因此世上没有不可救之人；以永恒的善去救物，世上便没有不可救之物。所以，那些有善行的人，可以成为我们学习的榜样（即儒家所说的“见贤而思齐焉”）；那些不太好的行为，可以成为善人的借鉴，或者说成为老师引导学生向善的契机（即儒家的“见不贤而内自省也”）。换句话说：一个拥有智慧的教师，必然满怀悲悯之心，他看到任何人、任何物，都在想如何帮助对方、提升对方、用好对方，而不是戴着有色眼镜，想入非非。他们眼里没有坏人坏事坏学生，“无弃人”“无弃物”，因为他们的存心是“常善救人”“常善救物”，或者说善人总是怀着救人救世、帮人帮物的心，故善人是“师”，不善人是“资”。做到这个境界了，道家就叫“袭明”。

然而，我认为教师仅仅有悲悯之心还不够，还应该常怀一颗敬畏之心。不能随便用“道德败坏”“无耻”“小偷”等字眼描绘学生。就算我们是好心，是恨铁不成钢，也很有可能让学生背上沉重的心理包袱。

再来谈文章开头那个女教师口中的调皮女生，她们在自习课上，将男性生殖器的图片上传到了电子白板上。现在我们要问：女生何以这样做？答案可能有几个：一、好奇；二、好玩；三、叛逆；四、挑战成人世界的价值观；五、故意捣乱，气老师……

而作为教师，我们首先要明白的是：生殖器其实和我们身体别的任何部位的任何器官都一样，看生殖器的图片不存在丑陋、邪恶之说。何况，这个班级的学生学的是护理专业。就算这几个学生是别有用心，或者故意气老师，我们也不如将计就计，走进教室后平静地说："哦！这本来就是我们专业课要学习的内容，让我们感谢这几位同学，提前找了这样的图片。"然后转向这几个女生，用真诚的语气说："你们的做法，让我想起了孔子的话'不愤不启，不悱不发'。估计大家对这些图片都很好奇吧！既然如此，你们几个不如认真学习这个章节的内容，以后由你们负责为咱班同学上这节课，我可以找教你们这门课的老师沟通……"

接下来，老师可以带这几个女生到办公室，指导她们如何合理分工、查阅资料。在她们备课的过程中，老师要适时给予帮助、监督，告诉她们哪些可以讲，哪些不必讲，等等。就算学生存心捣乱，我们只管假装认为她们想求知上进，把她们看作是"佛"。说不定，这件事会成为几个调皮女生进步的契机。

有的读者可能会问：倘若不是护理专业的学生，把这样的图片上传到电子白板上，老师该怎么办？

如果不是护理专业的学生，估计不会学习这些内容。但是，这必然是学生想了解的生理卫生知识，那就大大方方地给他们讲解。老师认为这是科学，学生就不会觉得那些图片龌龊。很多时候，给孩子留一个台阶，就是给自己留一条后路。否则，学生已经把图片上传到电子白板上了，图片对全班同学都已经产生影响了，老师大发雷霆，或私下里和风细雨式地批评，又有什么用呢？

倘若我们对学生的调皮捣蛋深恶痛绝，一棍子打死，那就是"不贵其资"，学生必然"不爱其师"。如此，我们便是"虽智大迷"。

温馨提示

老子曾说："善行无辙迹；善言无瑕谪。"就是说，善于行走的人，不留行走的痕迹；善于说话的人，不留给人指责的话柄。如果说每个学生心中都有一根天使的琴弦和一根魔鬼的琴弦，那么一个善于引导学生的教师，会巧妙地奏响学生心中天使的琴弦。甚至在学生奏响魔鬼的琴弦时，教师也会不露痕迹地将学生转调到天使的琴弦上。

第二章

工作——注入智慧必定收获精彩

“为新时代教师代言”是我2015年获得“河南最美教师”称号时颁奖词中的一句话。

据说，“最美教师”的含金量很高，整个河南省才评选了十个人。所以，很多人听说我当选后颇感意外——李迪？凭什么……

著名的央视主持人海霞老师看见我登上领奖台，劈头第一句话就是：“李老师，你平时上班也是这样打扮吗？”

我点头：“是的。”

海霞老师说：“你这样着装会不会对学生造成不良影响，让他们也热衷打扮？”

我看一眼自己的装束：一件印有荷花图案的、改良版旗袍短袖上衣，配一件蓝黑色长及脚踝的裙子，均为低调的棉麻质地，颇有民国时期女教师的风范，何来不良影响？与其他年轻教师相比，我还略显不够时尚呢！何况，我之所以在颁奖典礼上穿这套裙子，是因为这是我的学生亲手为我设计、打版、缝制的（我们学校有服装设计专业）。我穿着学生为我量身定做的衣服来领奖，多么有意义啊！这是学生对老师的祝福，也是老师对学生的肯定。

片刻之后，我恍然大悟：估计很多人（包括海霞老师）对“最美教师”的“美”，尚有诸多误解之处。他们认为，“最美教师”一定是为了教育含辛茹苦兢兢业业、牺牲小我成就大家、面容憔悴无暇修饰……而像我这样的“以智育智，以美育美”（颁奖词）的老师，就算有一点智慧，或者有一些成绩，也不算什么。何况，我又很注重自己的仪表形象。而且，我是那样的从容淡定，看见著名央视主持人也不卑不亢。

但是，我认为教育本身就是充满诗情画意的。“最美教师”应该让自己美美地活着，让身边人感受到我们因享受工作幸福而散发出的气质之美，让教育富有创造和美化的特质。让我们用自己的美，引导学生去感知美、了解美、热爱美、追求美，进而帮助学生成就美丽的人生。

1. 开给自己的花——追求日常工作美

暮春的周末，杨柳青青，芳草萋萋。

我带学生到郊外踏青，偶见原野里一株盛开的野花，娇嫩而又妩媚，多姿却不张扬，我久久凝视，不肯离去。

学生凑过来看，继而感叹：“这花虽好，可惜长的不是地方。”

我纳闷：“何以见得？”

“在这人迹罕至的地方，它就是盛开得再美丽，也没有几个人来欣赏，就这样开着多可惜……”

我轻轻摇头：“它是开给自己看的，它不是开给别人看的。就算我们今天不来，它照样会在这里迎风舞蹈……”

我是一所职业学校的老师，很多人得知后都会同情、遗憾：那你的工作岂不是很没有成就感？无论你工作多么努力，你的学生都不可能考上清华北大。

我默然。别说清华北大了，我的学生连普通的一本二本大学都考不上，成绩最好的学生也只能考上三本大学……我的诸多朋友看到我如此勤奋努力，每每为我惋惜：“你的价值如何体现？你怎么去获得别人的认可？你不如换个单位吧！到名牌学校去……”我却想说：“我这样努力地工作，根本就不是为了获得别人的认可。就算没有一个人欣赏我，我依然要开花给自己看。”

我的学生有时候是不理解我的。

学生小雷夜不归宿，恰逢那天狂风暴雨。我担惊受怕，整夜在外找他。第二天，他悄无声息地回来了。看见我红肿着眼睛进教室，他竟没心没肺地问："老师，你怎么了？"我的气不打一处来："你还问我怎么了？这么大的雨，你整夜不归，你上哪儿去了？"小雷很不好意思地搔头："哎呀……老师，真对不起……唉！你说你这么认真做什么？我又不打算考大学……我爸妈都不管我了……你一个老师……你说你再操心，我还能有什么出息……"

但是，我知道任何真情的流露都是有震撼力的。小雷后来没有成名成家当老板，却也没有再犯夜不归宿的毛病。他走向社会后，成了遵纪守法、自食其力、热爱工作、乐观向上的合格公民。您说，我这样开花给自己看，是否值得？

教育更多的时候是一种熏陶、感染。当我真切感知到敷衍地工作、潦草地生活是对青春最大的浪费，学生便能明白：彬彬有礼、温文尔雅、遵守纪律、认真学习……是为了让未来的自己更美丽。当我们所有人都认识到，我所做的一切不是为了领导的表扬、同事的喝彩，不是为了荣誉证书或奖金，而是为了不白活一回，我们就成了自己的主人，拥有了从容的心态和真正的自由，体会到来自教育的温暖和浪漫。

Tips **温馨提示**

无论励志文章怎么鼓舞我，我都知道，在社会这出戏中，我不是主角，我只是一个跑龙套的。但我是我自己人生的主角，所以，在我遭遇失败的时候，在我被观众喝倒彩的时候，我一个人也能而且必须唱下去。因为，我是为自己而活，为我自己而开花。亲爱的读者朋友，你也是你人生的主角，你也在为自己而活，为自己开花。

2. 给学生贴上美丽的“标签”——体味师生陪伴美

仲夏的午后，烈日炎炎，蝉鸣声声。

我让新生上台做自我介绍，有个女生介绍自己时说：“我这个人可以用八个字来形容——动若疯子，静若瘫痪。”职业学校的部分孩子个性张扬，桀骜不驯，下课的时候很闹腾，上课的时候很颓靡，所以她对自己有这样的描述。这是一个不好的标签，不利于孩子进步。

我引导说：“你能否用一个美好的词语形容自己？”女生很茫然。我转向同学们：“疯子和瘫痪这两个词给人的感觉都不美。大家能否用两个美丽的词语，帮她换掉疯子和瘫痪两个词？”学生一起思考，马上有人说：“静若处子，动若脱兔。”我带头鼓掌，问：“还有吗？”学生愣住了。我说：“我记得越剧《红楼梦》里，宝玉第一次见黛玉，曾经感叹黛玉‘娴静犹似花照水，行动好比风拂柳’。”我转向做自我介绍的女生，心疼地说：“以后再不要说自己‘动若疯子，静若瘫痪’了。我相信你能像黛玉一样，‘娴静犹似花照水，行动好比风拂柳’……”这个平时疯疯癫癫似乎对所有事情都满不在乎的学生，眼睛里泪光盈盈。

给学生贴一个好的标签，他们自然会往好的一面努力。教育很多时候就是一种陪伴，陪伴的过程中，让他们确信自己有美丽、优秀的潜质，并渴望优雅、高贵，他们便不愿再有丑陋的言行。

我身穿学生为我设计、打版、缝制的衣服去领奖，就是用行动告诉他们：“你们的作品堪比名牌。”此后，他们自然会以做名牌服装的规格要求自己，认真对待每一个客户，每一件产品。

温馨提示

心理学中有一个名词——“积极关注”，就是让教师多关注学生积极的一面，好的一面，忽视他们不好的一面。如此，我们的课堂会变得更加美满和谐，我们的学生也会越来越优秀。

3. 云水禅心——创造我们的课堂美

初秋的夜，凉风习习，月光融融。

教室里，学生在用最轻最柔的声音吟唱《云水禅心》，我在旁边弹琴伴奏。“空山鸟语兮，人与白云栖。潺潺清泉濯我心，潭深鱼儿戏……”那一瞬间，我与学生一起感受到了闲云悠悠、碧水潺潺的意境。真是唱不完的诗情画意，道不尽的浪漫逍遥。《云水禅心》是一首佛乐。曲子沁透心扉的淡雅之美，让人浸润于一片悠然禅意中。

一曲歌罢，同学们脸上一片祥和，我与学生似乎都穿越时空，远离红尘和喧嚣，来到一个“人闲桂花落，夜静春山空”的地方柔声吟唱。

品味。沉思。良久。最后，我开玩笑地说：“接受了这样纯美音乐的学生，怎么可能做粗俗不堪的事，说脏字连篇的话？怎么可能不保持清洁美丽……”学生会心地笑了……

我常常借用音乐的魅力净化学生的心灵，效果极佳。

如今，我不仅教音乐，还教思想品德课。我每次上德育课之前都要让学生一边轻声歌唱《感恩的心》，一边做手语操。我不太喜欢那种过于喧嚣热闹的课堂，学生嗓门过高，会让他们只注意自己的声音，而忽视倾听来自外界的别的声音。所以，若要让孩子们学会合作、尊重别人，最好的方式就是让他们用最轻柔的声音歌唱。一个经受过合唱训练的人，最懂得如何顾大局、识大体。因为合唱最讲究合作，只要有一个人的声音冒出来，就会破坏整个声部的和谐，就说明他没有静心平息倾听别人的歌声。

温馨提示

每当我看李叔同的生平事迹，看资中筠花季年龄的钢琴演奏会……我都会深深感叹民国时期的教学从未离开过月夜下的轻歌慢唱。如今，我们的教育应当摒弃浮躁，追求教育的诗意与美感。

4. 淡守清欢——享受我们的生活美

隆冬的早晨，繁星点点，寒风凛冽。

我悄声起床，匆匆洗漱后打开小音箱，戴上耳机，一边聆听有声读物（比如傅佩荣教授的《论语三百讲》），一边为孩子煮牛奶、烧热水，再将昨夜就洗好的菠菜切丝、剁碎，加鸡蛋、面粉、火腿丝、调料，充分搅拌，放到电饼铛里摊成煎饼。

6点10分，丰盛的早餐做好，喊孩子起床，吃饭，然后我收拾厨房，上班。

这是我每天早上的功课。

上班的路上，我依然听有声读物。到单位后，我的全部心思都放在教学和班级管理中。中午不回家，短暂午休后，我要么和学生谈心，要么写班级日记。晚上回家若时间还早，我会到健身房练一个小时的瑜伽，然后做晚饭，和孩子共用一盏灯学习……

不擅长人际交往，那就远离喧嚣的人群；不喜欢灯红酒绿，那就拒绝不必要的应酬（后来发现，生活中没有多少应酬是必要的）。简单而充实的生活，最能培养人淡定的气质。

晨会时间，我常常针对自己的所见所闻与学生一起讨论人生。有一次，我谈到某私立学校一位优秀的女校长，最后说了一句："心在哪里，精彩就在哪里。"马上有个女生说："一个事业有成的妈妈，心在工作上，必然会忽视自己的孩子，必然会亏欠自己的家庭，必然是不合格的妈妈……我不愿意成为这样的女人。"

我说："一个妈妈为了孩子放弃工作，牺牲自己，势必会给孩子带来强大的压力。孩子一旦成绩不好，会非常愧疚。一个脱离社会、不思进取的妈妈，不能为孩子提供更优越的物质条件，而一个热爱工作、积极上进的妈妈，本身就是孩子学习的楷模和榜样。每天晚上，全家人各捧一本书阅读，孩子就觉得晚上学习是理所当然的，而看电视是反常的。如果年过40的父母还在积极进取，处于青春期的孩子便没有理由颓废。能将学习、生活、工作、兴趣……和谐统一的人生，才是最美的人生。"

今天，我利用闲暇写这篇文章，写作地点是宁波宾馆——我带学校的几个年轻老师到宁波的学校观摩学习。和我同住一室的李爽老师的孩子今年4岁，她说自己每天早上6点起床为孩子准备早餐，不到7点就带宝宝到学校。自己进班上早读课，孩子就在教室外面吃早餐。早读课结束，她送孩子上幼儿园，下午5点接孩子回学校，晚自习后才带孩子回家……我不禁心疼："可怜的孩子，才4岁，就和你一样早出晚归了。"李爽却说："我的孩子经常在回家的路上感叹：'妈妈，我怎么这么幸福啊！'因为以前是爷爷奶奶带他，他天天被关在屋子里。而在我们学校，有很多学生陪他玩儿，他把晚自习的画画课当成了娱乐。晚上睡觉前我还给他讲故事……我们大人所认为的幸福，在孩子看来，不一定就是幸福……"

从小就习惯了陪妈妈勤奋学习、努力工作的孩子，长大后，怎么可能排斥读书呢?

今天早上5点多，我和李爽老师不约而同爬起来写作。我说，我要在文章里赞美她积极上进的生活态度。她却说，她要在日记里写，"上苍不会亏待每一个努力的人。当我们在火车上闲聊的时候，李老师在听有声读物；当我们在宾馆里看电视的时候，李老师在写作；当我们去吃宁波小吃的时候，李老师在和当地的一个校长谈工作；当我在被窝里玩手机的时候，李老师却贴着面膜开始读书；当我早上起床前发呆的时候，李老师在做瑜伽舒展筋骨……我都好久没有阅读，没有运动，没有贴面膜了，而你却每天都在坚持，难怪你这么美啊……"

我俩相视而笑："幸福的教育生活不但是相似的，还是可以相互借鉴、相互促进的。"

温馨提示

教师送给学生最好的礼物，就是积极上进、热爱生活的人生态度；妈妈送给孩子最好的礼物，就是鼓励和拥抱。

5. 就算没有把百酒尝遍，也可以懂得清水的味道

2016年9月下旬，网络上流传着一篇文章《18日，我辞掉了正式在编教师的工作》，作者是一个刚刚辞职的年轻人，有三年教龄。他辞职的理由有很多，比如说工作过于稳定，26岁就看到了56岁的生活状况，希望自己趁着年轻去闯荡；比如说收入太低，“钱少事多离家远”；比如说要耗费大量精力填写各种各样的表格，应对五花八门的检查；比如说工作三年还没有遇到伯乐……

看到此文，我不由想起前阵子看到的一篇文章《人生这么短暂，别委屈自己》。

所以，我真想对这位辞职的教师说：“你是否确信自己从小的理想就是做一名人民教师？如果确信不是，那就不要委屈自己，趁年轻赶快转行；如果确信是，那就更不要委屈自己，勇敢地留下来，别被世俗的眼光蒙蔽。因为，一个人爱自己最好的方式就是将兴趣和工作结合起来，让生活变得充实而美好。”

对辞掉教师工作的作者的某些观点，我还是比较认可的。比如，教师收入太低，而需要应付的毫无意义的检查又太多；教师工作很稳定……但是，我不认为这份工作稳定到每一天、每一年都可以没有任何挑战，我不认为一个教师在26岁时就能看到自己56岁的生活状况——除非他在敷衍人生。尤其是作为一个班主任，倘若班里有几个调皮捣蛋的孩子，你永远都想不到他们第二天会给你出什么样的难题。有时我会感觉自己的每一天都惊心动魄，但是，时过境迁回首望，我又乐于其中。

我们有着怎样丰富多彩的日子啊！

我以前一直是纯女生班的班主任，同学们感情丰富细腻，纪律一向较好，但每个女孩子心里都藏着自己的“小九九”——这就需要我们去细心揣摩和研究。如今我带了一个航空班，班里除了有30个女生，还有22个男生，那个叫晓龙的男孩子一打篮球，就忘记了一切，他喜欢体育运动却根本不适合当体育委员；那个爱说爱动的伍恒很聪明，他在课堂上东倒西歪、手脚不停，其实他听课很认真，接受能力也强……他们每一个人都是

需要我用心阅读的厚厚的书，我的工作怎么会今天重复昨天的故事呢？

不知从何时起，一些年轻人开始把拥有稳定的工作和干一番大事业对立起来，就如《超级演说家》的参赛选手刘媛媛所说："从小到大我们都在听着别人的声音给自己的人生画格子，左边的这条线是要学业有成，右边的这条线是一定要有一份安稳的好工作，上面这条线是30岁之前要结婚，下面这条线就是你结了婚后就一定得生个孩子，好像只有在这个格子里面才是安全的，才被别人认为是幸福的。一旦你想跳出这个格子，就会有人说你'作'。可是我知道每个人年轻的时候，心里都会有一点想去'作'的冲动……我根本不知道我将来想过什么样的生活……我只是还知道自己不想要什么：不想要那种循规蹈矩、安安稳稳、平平淡淡的日子，不想要那种一眼就可以看到死的人生……"

这和此文作者的话如出一辙。

对照刘媛媛的说法，我就是一个跳进了世俗的格子里的人：顺利地考上了大学，找了一份稳定的工作，嫁了一个可靠的男人，该有孩子时就有了聪明可爱的孩子……但是，在这份稳定的工作里，我们依然可以有一番作为。

一切都是因为对职业的兴趣和热爱。

我深爱自己的生命，也挚爱教师这个行业。因为热爱生命，我曾经对着镜子感叹人生苦短红颜易老；又因为挚爱讲台，我决定将自己和学生在一起的每一天都记录下来。我固执地认为，爱自己就不要辜负自己内心深处的需求。永远年轻，永远相信梦想，相信努力的价值……我开始在夜深人静的时候反思每一节课的失误，每一次与学生交流中出现的差错，并在第二天及时纠正。为了和学生更好地沟通，我报名学习心理咨询师课程，每个周末都去听课，中午就在路边吃五元钱的盒饭……没想到这样的学习、反思陪伴了学生，也成全了我自己——我那一届学生还没有毕业，我所写的班级日记和教育随笔，一共四本，就同时出版……

是真情，是真感受，拿起来就放不下……备课、上课、听课、写论文、做课题、处理孩子间的各种矛盾……只要有了兴趣，这位辞职的老师所说的那些烦心事儿，根本就不是事儿。比如我，就这样天天阅读、实践、反思……一个出身寒门的普通教师，终于成长为出版了九本著作的全国知名的班主任。

这位辞职的老师说：“一个人再优秀，如果没有遇到愿意欣赏你的人，如果没有能够让你发展的平台……那么，你也就只能被埋没在滚滚红尘中……”

这话太悲观了。

我们做事听从自己的内心即可，何必在意别人的评价呢？再说，千里马根本就不是被伯乐发现的，而是自己跑出来的。至少，如果我们是千里马，就应该主动去寻找伯乐。

比如，我经常向媒体投稿，那些编辑就是我的伯乐。如果你有好的教学理念和教育故事，但是不对外展示自己，那么谁会知道你是千里马呢？

温馨提示

一个一辈子都安分守己当老师的人，完全可以拥有精彩丰富的人生。就算你没有把百酒都尝遍，也可以懂得清水的味道。前提是：你将兴趣和工作结合在了一起。

第三章

领导——真实坦诚才会获得信任

每到毕业季，我那即将成为幼儿园老师的学生都多少有点忐忑，会在闲聊中，假装无心其实有意地问："老师，我们怎样做才能获得领导的好感？"更有甚者，用开玩笑的方式直言不讳："领导都喜欢被拍马屁吗？"

我便也开玩笑："所有人都喜欢被拍马屁。领导是人，由此推断出，领导也喜欢被拍马屁。"

欢声笑语中，学生更加放松——甚或"放肆"地穷追不舍："您觉得我们应该怎样拍领导的马屁，才最成功呢？"

从内心深处讲，现实生活中我不喜欢阿谀奉承拍马屁的人。但是，当学生一而再、再而三地半开玩笑半认真地问我时，我便认认真真思索一番，然后很认真地说："给领导拍马屁的方式有好多种：第一，是努力工作；第二，是努力工作；第三，还是努力工作……"

对教师而言，如果你不认真工作，自己的课堂乱成一团糟，就算再会阿谀奉承，领导也是不喜欢的。任何一个领导，都希望自己的学校发展越来越好，都希望教职工能脚踏实地、本分工作，而不是把心思用在阿谀奉承上。

所以，教师要想获得领导赏识，最好的方式就是努力工作。努力工作之外，才可谈到其他。

1. 真实坦诚——被领导赏识的关键

请注意：我所说的被领导赏识，并不是让大家成为领导的亲信、心腹等。我一直认为，做一个灵魂有香气的女教师，必定是有自己独特的魅力和个性，甚至如白莲，“可远观而不可亵玩”。

做这样的女教师，首先，需要努力工作；其次，需要与领导坦诚相处，做一个真实的人。

灵魂有香气的第一要义，就是真实、真诚。心灵作家张德芬曾说：“一个虚伪、不能真诚表露自己的人，就像一朵塑胶花，它的表面再美丽，也是没有能量、没有香气的。”

做一个真实的女教师其实是不容易的。因为在我们小时候长辈会用他们的标准来要求我们，我们必须收敛自己的本性，符合他们的要求。久而久之，这种小时候为了讨好长辈以求认同的虚伪，浸染到我们的骨子里，成年以后，我们也会不自觉地去讨好别人，想要获取别人的赞赏和认可，就更加深入地把真正的自己隐藏起来了。甚至很少去询问自己：我需要的究竟是什么？

但凡为了讨好对方而表现出来的言行，都难以获得别人真正的认可。如果女教师如此作为，便称不上是灵魂有香气的女教师。

所以，想要自己的灵魂有香气，首先你要愿意去看见自己的不足、缺点，进而接受它们，视它们为自己的一部分，坦然地和它们相处。比如，我因从小在太行山区长大，上高中前，从没有人教我说普通话，导致现如今我的普通话还是不够标准。如果我每次在公共场合发言，都纠结于普通话是否标准，我的演讲水平必定大打折扣。所以，我平时很留心身边普通话标准的同事的发音，但同时一旦我上台演讲，便接纳自己的缺点，只关注自己要表达的内容。如此，听众反而会忽视我的不标准的发音。如果我们在和领导相处时，总是要用遮掩、做作的方式去展现自己，生怕领导不知道我们的优点，看不起我们，那么我们的前提假设其实就是自己看不起自己，觉得自己不够好。如果连我们自己都觉得自己不够好，哪能要求领导觉得我们好呢？

一边积极努力地工作，一边坦然接纳自己的缺点，在领导面前不卑不亢，这才是个人魅力的最大来源。

坦诚交往还应该忠诚于自己喜欢的东西，坚持自己的初心。当然，这个前提是：你必须知道自己真正想要的是什么。其实大多数人内心是非常愿意努力工作的，但是当他们看到别人不努力工作也可以得到“优秀”“模范”等荣誉称号时，便觉得自己的努力不被认可——然而，正如上文所说，自己的努力，何必让别人来认可呢？只要自己认可自己就行了。如果我们做任何工作都是为了获得领导的认可，反而有可能被领导轻看。

温馨提示

1. 有的人认为，领导喜欢的就是奴颜婢膝的奉承。但我认为，能力强的领导更喜欢自尊、自信、才华横溢的教师，他们更喜欢努力工作且有才华的下属用漂亮的工作业绩来表达对自己的支持。
2. 也许有人会说：“有的领导工作能力一般，却很喜欢被阿谀奉承，怎么办？”这样的领导其实内心深处是比较自卑的。我们努力做好自己，给他们足够的尊重即可。

2. 不要当场解释——走出被领导误会的误区

很多人（包括我在内）在年轻的时候，一旦被领导批评，都会尽力解释，希望领导不要因此而失去以往对自己较好的印象。其实，这样的解释，会让情况越来越糟糕。

为什么？因为我们反复的解释，似乎是在告诉领导，他们的判断是错误的，他们的批评是错误的。我们解释本来是为了让领导开心，但是，我们解释的结果却使他们变得不开心——因为我们说他是错的，所有人都不喜欢别人说自己是错的。

那么，领导批评我们的时候，我们究竟应该怎么做呢？

答案是：老老实实地听着，然后，等他们批评结束后，虚心地问：“现在需要我做什么去弥补过错？”让领导来指导我们。

如果领导真的冤枉了我们，误会了我们，也不要当场解释，而应该随后找机会慢慢说。也可能时过境迁，我们就意识到了自己当初的做法是多么不合适。

此刻，在写与领导交往技巧的文章时，我的内心其实特别忐忑。因为我自己并不擅长与领导交往，甚至曾与领导有过很深的矛盾。如今回首往事，我认为一部分原因在于我出版书籍、外出讲座有了一定知名度后，引起了一部分人的嫉妒、不满，我却没有及时和领导沟通；更多的原因，却是我犯了不真实坦诚，以及被领导误会后总想替自己辩解的错误。

我们来看一下2010年暑假期间我写的日记。

2010年8月9日　晴

放下手中的电话，我忍不住嚎啕大哭，一声声问自己：“天下如此大，何处是我家？”校长在电话里对我说过了：“你可以不去深圳的，现在体制这么灵活，你也可以辞职的。”

我记得很清楚，他这样说了两遍。我大学毕业后一直在现在的单位工作，校长如此说，显然是不要我了。我该怎么办？

我泪眼迷蒙、四处张望，丈夫带着孩子回老家了，我的目光所到处，只有空荡荡的房间，白色的墙壁……

早在一个月前，学校就有一部分学生到深圳富士康的相关单位进行社会实践。因为是在暑假里，因为要背井离乡，因为要离开家人，老师们都不乐意做带队老师。

领导给几个教师打电话——包括我，大家异口同声地说不愿意去——包括我。但是，8月4日下午，负责学生实习的领导又一次给我打电话了。他说学校领导在一起商量，认为我去最合适，因为我们班有一个女孩子总是违反纪律。我迟疑着，我推拖着，我不能不承认，自己确实不够大公无私。我解释了很多，理由无非是孩子小、老人老、自己身体也不好……在假期里，我首先应该做一个好妈妈、好女儿、好妻子……常年当班主任，工作太忙，操心太多，好不容易有了假期，就想好好放松放松，陪陪孩子……

但是，领导说，“每个班主任都是这样的情况……”

我当然知道每个班主任都是这样的情况，怎么办呢？总要有人去深圳的，总要有人去擦星星的。

平心而论，我的同事和领导都是不错的。在我没有出版专著之前，大家的关系都非常好。但这几年因为我常常利用周末外出讲座，好多人便误认为我只顾自己赚钱，其实我从来没有因为外出讲座而耽误学生的课业。现在正值暑假，如果我去深圳，不但要牺牲自己的休息时间，还会有经济损失，因为我暑假期间的讲座特别多。

但是，总得有人去啊！

那我就答应了吧！我把8月10日以后的讲座都推掉，我答应去深圳。我想用实际行动告诉学校里的领导和同事，在李迪心目中，学校工作永远是排第一位的。

今天上午，我到学校拿前往深圳的火车票，见到了Y校长。根据我的想象，校长肯定会说句暖心话，比如：“牺牲假期去深圳带学生，辛苦了。”或者“在火车上要待将近三十个小时，注意安全……”或者……但是，校长的脸色不好，也不说话。我拿了火车票，陪笑说：“平时我不善于和领导沟通，现在只能用实际行动支持我们学校的工作。”

没想到校长嗤之以鼻：“李迪，你这说的是什么话？你去深圳就是支持学校的工作？你这是为了教育！你这是为了良心！和支持学校工作有什么关系？你好好干就是对得起领导？这是你应该做的，你这是对得起自己的良心，教育需要良心。”碰了一鼻子灰，我感觉好无趣。校长却继续说：“你也不看看，假期里谁休息了？谁不辛苦？我这不一直都在忙着吗？你去深圳，是因为你的学生不好。那么多班级的学生都过去了，就单单你们班有一个学生出事，亏你还是优秀班主任呢！我都不知道你是怎么在外面开讲座的。再看看你那幼师班的学生，将来也是要为人师表的，看她们那做派，深夜上网不归，有没有一点当老师的素质啊？她们还学习了一年呢，也不知道她们都学了些什么……”

我再也听不下去了，说：“咱们学生进校的时候，也没有面试……”我本打算说，她们本身就有很多毛病，冰冻三尺非一日之寒，怎么可能在一年内就全部改正呢？但校长不等我说完，马上打断说："你还要面试？你还要像人家清华北大一样考试？你看看一年级的班主任，有年轻的，也有年龄比你大的，你看看别人的学生都没出事，就你班学生出事了。你不去深圳，谁去？"

我心里涌现一阵阵悲凉，很多女孩子入学的时候，就是因为活泼好动有个性，才进了幼师班，也正是我们这个专业有音乐课和舞蹈课才让她们的优势得到发挥。但这些孩子不遵守纪律，却多因个性问题。那些太文静、太木讷的孩子，肯定不会闯祸，却也不适合当幼师。校长怎么能因此就说我的教育不好呢？难道清华北大的学生就没有违反纪律的吗？我班的个别学生夜不归宿上网确实令人生气，但她们跟我学习才一年啊！何况，就算跟我学习三年五年，难道她们违反了纪律也是我的错？

心灰意冷地离开学校，我越想越生气。别的一年级班主任今年都有荣誉，或者是"郑州市师德标兵"，或者是"省级文明班集体"……她们说不去，都可以不去。我这几年对荣誉无所求，好心好意体谅领导，牺牲假期，"抛夫弃子"，推掉讲座，最后连句好听的话都没有，还受了这一肚子气……

回到家里，我再也忍不住了，拿起电话就拨了校长的手机，我急不择言张口就说："Y校长，我知道您这几年对我有太多误会，我每每想去找您解释，但您总是一句话就把我呛得不知道怎么回答，让我们交流不下去。其实，我来到咱们学校这么多年，真的很感谢学校对我的栽培，我平时也不善于和领导交流，现在在假期，既然大家都不愿意去深圳，我想，那我就去吧！我只想用行动告诉同事，在我心里，学校工作永远是占第一位的。我只希望领导能喜欢，能高兴，没想到您今天对我是这样的态度……"

我必须承认，自己用词不当，Y校长果然就抓住了这句话，说："你干工作就是为了让领导喜欢？我作为一个校长，难道能喜欢某个老师，不喜欢某个老师？你经常去给老师们开讲座，我都不知道你那讲座的内容是什么，你敢不敢什么时候也在我们面前开一场讲座？"

我马上更正说："是我用词不当，我的意思是我这么做，都是为了能让领导认可我，语言上、口头上的认可就行。可是，你们不认可我。我怎么努力都不行，我不知道自己该怎么做才好。"心想，就算是经常违反纪律的学生，偶然做了好事，也渴望得到老师的认可啊！谁不希望被认可、被肯定呢？

校长在那头说："你用词不当！你知道不知道你经常用词不当？因为你说话总是不经过脑子。难道你作为班主任，你能喜欢一个学生，不喜欢另一个学生吗？"我心头一怔，很纳闷：难道我不能特别喜欢某一个孩子吗？

校长继续吵："你别以为自己很优秀。咱们学校比你优秀、比你努力的班主任多着呢。"

我说："我从来没有觉得自己有多优秀，我一直都承认，好多老师比我优秀、比我有智慧。我很自私，我很落后，现在我告诉您：我若早知道自己怎么努力都得不到领导的认可，就不该答应去深圳，那么多人不是都不去吗，我现在真是后悔死了，恨不能退了火车票……"

校长说："好啊！你可以不去深圳，你可以退票。现在的体制这么灵活，你还可以辞职的……"

我一下子惊呆了。

校长继续说："要说，你以前工作确实努力，但自从你成名后，你就不像以前那么努力了。"

嘴上没说，但我心里好委屈，什么叫成名后就不努力了？我不就是利用周末去开了讲座吗？别的老师周末也没有在学校工作啊！他就这么张口闭口地说我的讲座如何如何。何况，我写书、开讲座不是也在为教育做贡献吗？我们不该把自己的工作心得拿出来跟同行分享吗？哪一个教育名家的成长不是经历了实践、反思、写作、传播的过程？何况，看看老师们的值班表就知道，上学期，晚上留在学校陪伴学生最多的班主任，除了英子老师就是我，因为我要利用晚上给学生开班会。可是，他知道这些吗？他凭什么就说我工作不努力？

Y校长还在继续发火："你看看你们班的学生，竟然为上网夜不归宿……"

我重复说："孩子哪里有不犯错误的？孩子犯错很正常啊！他们的一些坏习惯也不是一年两年养成的……"

校长马上吼："学生犯错误，你还说正常？你平时给别的老师开讲座就是这样说的？"

我愣了，顾不上伤心，说："是啊！教育本来就是慢的艺术，需要等待……”

校长继续吼道：“你的意思是，让我们等待他们不犯错误？你的意思是教育不是万能的？你敢在讲座里说教育不是万能的？”

我冷静下来，说：“是的，我不但在讲座里这么说，我的书里也这么写：教育有它的无奈，至少学校教育有它的无奈……学校教育有它的边界，我们为什么不能更有耐心一些等待学生成长？”

Y校长听我谈起教育，冷静了一些，又开始吵嚷，我只听到他又重复了那一句：“你可以不去深圳的，你还可以辞职……”我的头又一次大了，再一次意识到，我们无法沟通，无论我如何做，他都不会满意。我怎么做都是错的。我泪流满面，我不知道该说些什么，只叹息天下如此大，何处是我家？天下如此大，哪里有容我立足的学校？

2010年暑假，我带队到深圳富士康相关单位实习的最终结果是，Y校长抓住我的一点点工作失误（几个女生在某个周末吵架，我不在现场，没有及时制止），决定让我限期调离学校。

欲哭无泪啊！谁知世事难料。在我返回郑州的第二天，Y校长一大早接到调令，被调到另一所学校当书记。新来的校长听说我犯的错误后，说：“这也不算什么大错，就类似于该李迪老师上课了，她没有上课……我们根据校规，该怎么扣钱就怎么扣钱处罚吧！不能因为这点儿小事就让她限期调离啊！”我算是因此逃过一“劫”。

在工作方面我一向是很努力的，效果也相当好。但是，为什么2010年暑假时我却那么被动呢？

如上文所说，首先，是我不够真实坦诚。我想通过暑假牺牲休息时间到深圳工作一事，得到领导的好评。结果呢？弄巧成拙。如果那次一开始我就坚决拒绝，可能就没有后来的冲突，也不至于两败俱伤了。其次，是我在和Y校长的沟通中，我总是想解释，而校长早已对我有偏见。我的解释无疑是想告诉他：你的判断是错误的，李迪其实很努力……虽然这是事实，却导致他更加反感。所以，当领导误会我们的时候，首先不要做过多的解释，只问：“现在您希望我怎么做？”校长总不能说“你不能利用业余时间写教育随笔，开讲座传授教育心得”吧！

这是发生在我身上的惨痛的教训。Y校长做了我8年的校长，正是他在任的时候，我开始写教学反思、班级日记，由一个普通的一线教师，一步步成长起来，最后出版教育著作，走向全国班主任培训的讲台……然而，我们的交往最后却是以他让我限期调离，而他自己却被仓促调离而告终……导致后来我们远远看见彼此，都要绕道而行。这不是我的意愿，恐怕也不是他想要的结果吧！

往事如烟……

温馨提示

1. 努力工作，让人生更有意义，是对自己的生命负责。当我们做了最好的自己，其实也就成了领导眼里最好的员工。
2. 真正的强大，不是去征服什么，而是能够承受什么。如果被领导误会，就勇敢地承受下来吧！我们不必当场反驳。

第四章

同事——合适的距离产生美

在我们形形色色的关系中，最难把握的可能是同事关系。因为无论你喜欢，还是不喜欢，同事都将和你在一起。即使彼此的关系剑拔弩张，也不得不来往。我的同事风儿老师和我在一间办公室十几年，有时我会笑说，我面对她的时间比面对我丈夫的时间都长。所以，单位里的同事相当于同一条船上的伙伴，同事间关系融洽、同舟共济，就能相得益彰、共同进步，还有利于身心健康。如果与同事关系紧张，甚至有点矛盾，整天生活在郁闷之中，那就没有办法搞好工作，更谈不上幸福生活。

1. 与同事交往的禁忌——由《驴是怎么死的》想到的

前段时间，我在网上看到一篇文章《驴是怎么死的》，特别有感触。

驴是怎么死的

驴耕田回来，躺在栏里，疲惫不堪地喘着粗气，狗跑过来看它。

“唉，老朋友，我实在太累了，”驴诉着苦，“明儿个我真想歇一天。”

狗告别驴后，在墙角遇到了猫。狗说：“伙计，我刚才去看了驴，这位大哥实在太累了，它说它想歇一天。也难怪，主人给它的活儿太多太重了。”

猫转身对羊说：“驴抱怨主人给它的活儿太多太重，它想歇一天，明天不干活儿了。”

羊对鸡说："驴不想给主人干活儿了，它抱怨它的活儿太多太重。唉，也不知道别的主人对他的驴是不是好一点儿。"

鸡对猪说："驴不准备给主人干活儿了，它想去别的主人家看看。也真是，我们的主人对驴一点儿也不心疼，让它干那么多又重又脏的活儿，还用鞭子粗暴地抽打它。"

晚饭前，主妇给猪喂食，猪向前一步，说："主妇，我向你反映一件事。驴的思想最近很有问题，你得好好教育它。它不愿再给主人干活儿了，它嫌主人给它的活儿太重太多太脏太累了。它还说它要离开主人，到别的主人那里去。"

得到猪的报告，晚饭桌上，主妇对主人说，"驴想背叛你，它想换一个主人。背叛是不可饶恕的，你准备怎么处置它？"

"对待背叛者，杀无赦！"主人咬牙切齿地说道。

可怜，一头勤劳而实在的驴，就这样被传言"杀"死了。

我们与同事交往的禁忌，都隐藏在这则小故事里，它告诫我们几个道理。

第一，莫跟旁人抱怨，免得连怎么死的都不知道！也许我们就是那头任劳任怨的驴，有时因为无意间抱怨几句，便有了可悲的下场！所以，我们工作时应该保持高昂的斗志，即使遇到挫折、饱受委屈、得不到领导的信任，也不要牢骚满腹、怨气冲天。抱怨的结果，只会适得其反。要么招同事嫌，要么被同事瞧不起。爱抱怨的人生活会更加苦难，因为心理学中有一种"栽花效应"，就是说：我们经常强调的一些事情，会真的来到我们内心。如果我们总是抱怨，那些负面语言会真的带来负面情绪，而且，当我们在向别人抱怨的时候，即使有人迎合，也是他们出于面子考虑。面对抱怨，恐怕20%的人是漠不关心的，剩下80%的人，不但不会同情，反而可能会轻看抱怨者。

第二，那些爱传是非的同事，总是不太忙的同事。因为他们很清闲，所以才有时间传八卦消息。工作中，我们对此类人要敬而远之。

第三，不要轻易相信隔耳的传言，除非你当面证实，否则你会作出错误的判断，从而白白失去好朋友、好同事。我曾亲耳听到过一个同事在我面前说另一个女同事如何如何不好，我信以为真，再次见到这个女同事的时候，不由自主地厌烦她。但是，交往时间久了，我才发现，这个女同事工作积极、待人真诚，她当然有一些毛病，但是，这个世界上哪里有完美无缺的人呢？反而是那个看似忠厚的同事，2010年暑假在我遭遇挫折的时候，他第一个落井下石。

第四，再想一想，我们岂止就是那头冤死的驴？我们难道不是传话的狗、猫、羊、鸡或猪吗？无论是狗、猫，还是羊、鸡，都不能说是十足的坏人，他们是真的在同情驴，但是这样增添了自己感触的传言，就生生地害死了勤劳的驴。

所以，我们切忌做“耳语”的散播者。“耳语”，就是在别人背后说的话，只要人多的地方，就会有闲言碎语。有时，你可能不小心成为“放话”的人；有时，你也可能是别人攻击的对象。这些“耳语”，比如领导喜欢谁，谁有什么背景，谁又有绯闻等等，就像噪音一样，影响人的情绪。聪明的你，要懂得，该说的话要勇敢地说，不该说的话绝对不能乱说。

第五，对同事切忌用“投射”心理猜测，并向领导反映。“投射”是一个心理学术语，就是指人们往往会把自己所想的一些事情，强加到别人的身上，也就是我们俗话所说的“以己度人”。比如《驴是怎么死的》这则故事中，驴没有对狗说过自己要离开，但是大家在听到驴说自己很累后，就主观地加上自己对事情的理解，去相互传播。为什么？因为这些事情如果发生在他们身上，他们就会离开——最少，这些事情要是发生在鸡和猪身上，他们会选择离开，所以就把自己的想法强加在了驴的身上。

对此，我也有过切身经历。

如前文所说，在我没有出版著作之前，我在学校里的人缘是相当好的。但是，自从我发表了几篇文章，写了几本书，应邀做了几场讲座后，就迎来了各种各样的非议。那几年对我最多的非议，是说我太傲气，基本不去向领导汇报思想工作。其实，我在出版专著之前也没有向领导汇报思想工作啊！我们做好自己分内的工作就行了，何必天天往领导办公室跑呢？何况，我要当班主任，要教课，要辅导竞赛，要写班级日记，要照顾家，要锻炼身体……

但是，当时有一部分同事，总是在领导面前说我有傲气。

这就是一种“投射”。这也说明，如果他们有了发表文章、出版专著、开讲座……的机会，可能就会变得骄傲吧！

这样的“投射”心理，直接导致了2010年暑假我差点被限期调离。

驴就是这样被杀死的。

随着时间的推移，如今我在单位的人缘又越来越好，领导同事也都很理解我，我就是一个踏实工作的教师，平时不爱闲聊是因为没有时间。而当初那些对我说三道四，甚至落井下石的同事，日久见人心，如今在单位里基本得不到领导和同事的信任。

温馨提示

1. 静坐常思己过，闲谈莫论人非。这句话听起来迂腐，其实颇有道理。同事相交最忌讳的就是东家长西家短地议论，那会让自己在无意中伤害别人，或被别人伤害。
2. 人们常说“己所不欲，勿施于人”。其实，就算是“己所欲”，也最好“勿施于人”。因为你所喜好的，不一定就是别人喜欢的。
3. 我们要怀着一颗真诚的心去善待同事，但是不要轻易去同情别人。有些让人伤心的事情，发生过后，当事人可能就忘记了。如果你总是同情他，不亚于提醒当事人：你曾经受过伤，你应该难过……

2. 与同事相处的技巧——由改编《驴是怎么复活的》想到的

我曾经带着学生在班会上讨论《驴是怎么死的》，在讨论的最后，我说："现在，我们把这个故事的结尾改编一下吧！"

学生纷纷表示同意，说："好的！我们不想让驴死。"

当然，这么勤劳的驴，我们都不想让它死，领导也不想让它死。

一个学生改编故事时说："驴的主人是个很明智的人，他听到主妇的话，非常震惊。第二天，主人就带着礼物亲自去看望驴，发现驴的工作的确是太辛苦了，于是给驴放了一天假，又给驴涨了工资，并且给了驴一个'先进'或'模范'的称号，号召狗、猫、鸡、猪等都向驴学习。从此，驴对主人更加忠诚，工作也更加卖力，一辈子和主人相依为命，成为主人后半生的朋友……而狗、猫、鸡、羊等，工作也十分尽心，动物庄园里一片祥和……"

学生纷纷点头："驴的这个主人好英明！"

是的，驴的这个主人好英明。

其实我们有时候也是驴的主人：有人在我们面前说某同事的坏话，很多人可能连打听都不打听，就信以为真，从此将这个同事拉入"黑名单"——相当于杀死了驴。

由此可知，我们与同事相处的第一个秘诀是：知错就改。我们要向这个驴的主人学习，认识到自己确实做得不好，有对不起同事的地方后，马上改正，用百倍的真诚去弥补自己与同事之间情感上的裂痕。这样做既能获得当事人的情谊，又能让别的同事感受到我们的宽厚仁义，整个工作氛围都会一团和气。

另一个同学站起来改编故事，说："驴的主人听了主妇的话，非常生气。第二天他就找到驴去质问，驴一头雾水，不知道自己究竟说了什么话，导致主人如此生气。狗、猫、鸡、羊和猪也没想到自己的一番传言，竟导致主人要杀死驴，于是纷纷向主人求情。大家在一起坦诚交流后，才知道是自己曲解了驴。于是，狗、猫、鸡、羊、猪，以及主人，都向驴道歉。从此大家幸福地生活在一起……"

在这里，我们可能就是狗、猫、鸡、猪或主人，就算我们有了过错，只要以诚相见，就会营造出一种和谐友好的工作氛围。要做到这一点，相互信任是先决条件。人之相交贵在知心，如果说话吞吞吐吐，做事遮遮掩掩，必然会引起同事的戒备之心。其次要勤于做事，乐于助人。比如我们学校负责教务的张主任性格耿直、胸怀坦荡，说话做事都光明磊落，因此，即使曾经有的同事误会过他，最终还是很佩服他的为人。在工作时，张主任尽量多做事少说话。他认为这样做既可以让自己多积累工作经验，又可以让繁忙的工作占据多余的时间，避免无聊时闲谈别人的是非。所以，很多年来，他和同事的关系一直非常融洽。

在这个改编的故事中，我们得出第二个与同事交往的良方：与人为善，将心比心。

最后，我改编故事说："驴的主人听了主妇的话，非常生气，第二天就磨刀霍霍，向驴奔去，驴在临死前仰天长啸：'冤枉啊……'主人不免动了恻隐之心，说：'看在你多年干活儿认真的份上，给你10天时间戴罪立功，10天内干完15天的活，否则，10天后斩立决！'驴逃过一劫，战战兢兢，跪地叩谢主人不杀之恩。从此工作越发尽心尽力，没日没夜，辛劳憔悴，即使没有奖金，也不敢有丝毫怨言。主人时不时都要提醒驴，说驴的命是主人给的，驴每天都应对他感恩戴德。久而久之，驴真心认为自己罪大恶极，是主人给了自己活着的权利。狗、猫、羊、鸡、猪等看到这样的情形，也胆战心惊、努力工作……"

听着这样的故事，学生惊呆了。我喃喃道："动物庄园的气氛越来越压抑，大家工作虽然努力，效率却不高。首先是驴，未老先衰，英年早逝；然后是鸡，因压力太大患癌症，不能生蛋，被淘汰……"

最后，我和学生得出结论：本是同根生，相煎何太急？领导固然要宽宏大量，同事之间更要莫论是非。将红尘看破，一切不过都是暂时的。荣誉是暂时的，因为一切荣耀都会过去；做同事是暂时的，因为我们可能被调离；岗位是暂时的，因为岗位一直在变化之中……我们活着只是一个偶然，能成为同事更加难得。彼此在一起，珍惜缘分，互帮互助才是最好的同事相处之道。

温馨提示

1. 严于律己，宽以待人。每个人都有很强的个体意识，都有自己为人处世的行为方式和习惯。我们与同事相处，一方面要严格要求自己，另一方面要尊重别人。这世上，没有谁要与你过不去，你也别和他人过不去。得饶人处且饶人，只要不是原则性的问题，就别求全责备。哪怕同事有缺点，我们也要尽可能去包容。人非圣贤，孰能无过?
2. 不远不近，若即若离。在一个单位中，不要结成小团体，小团体对领导是威胁，还会遭受到其他同事的厌恶与排斥，与同事保持若即若离的关系是最明智的。
3. 经济往来，AA最佳。道理很简单：教师收入都不高，同事之间千万不要因为经济上的事情而伤了和气。

第五章

家长——可以成为教师的好帮手

20世纪80年代，我在上小学时，经常听到一些家长当着自己孩子的面对老师说："老师，我把二小子交给你了，他要是捣蛋不听话，你就狠命踹吧，踹出问题我不找你啊……"家长那样说，无非是用泥土一样质朴的语言表达他对知识的尊重和对教育的敬畏。老师当然不会真的狠命踹他家二小子，但气急了，在二小子屁股上轻轻踢一脚还是有的。那时家长从没因此找过老师什么麻烦。我父亲在太行山区当了一辈子的乡村教师，和家长的关系一直非常好。

但是，如今家长和老师的关系比较微妙，甚至充满矛盾，我们到网上查一查，关于家长打老师的文章层出不穷。有时候那些被挨打的老师有一定责任，大多数时候根本就没有任何责任。

2016年12月，一篇标题为《是谁让尉氏县交警大队队长家这么嚣张》的文章，在网络上广为流传。

张某（尉氏县交警大队长的女儿）于2016年12月5日星期一晚上第二节自习课期间，在教室里吃麻辣烫，被值班的女校长发现。女校长批评张某时，该女同学与女校长在课堂上大吵大闹，把女校长骂走后仍不解气，又电话告知其妈妈（尉氏县公安局的领导），诬陷女校长打她。

可怜的女校长还没张某高，没有她胖，有全班同学作证，女校长没有动她一根手指头。

张某的妈妈作为单位领导，在不了解情况之下，带领三个喝多了酒的男同事（知情人说是公安局的警察），用最专业的格斗手法把女校长按倒在地拳打脚踢，还在办公室外破口大骂……

网上还有一则消息：

一个学生家长，在教师办公室里，当着三五个老师的面，打了一个女老师，女老师娇小柔弱，被打了七八记耳光，撕下了一撮头发……女老师为什么被打？据说是因为一个学生无中生有地在家长面前编造女老师体罚他的故事，女老师的丈夫（也是老师）辩解了几句，结果家长打电话叫了几个社会上的地痞流氓……

凡此种种，无不让我们胆战心惊。我们需要自问：作为一个女教师，应该如何和家长相处，才能既保护自己，又赢得家长的理解和支持？

1. 改告状为求助——巧用“栽花效应”

“栽花效应”是心理学中的术语，顾名思义，就是我们对自己亲手栽下的花，会更有感情，对这株花有更多的认同感。“栽花效应”运用在工作中，就是让对方参与到事件中来，借此提高对方对我们的认同感。

比如，在处理棘手的问题时，让家长帮你一个小忙，是增进教师与家长情感的法宝。

2007年，我接手一个新生班级，班里有一对双胞胎姐妹，姐姐叫好宝，比较任性；妹妹叫好贝，倒还理智。军训期间，好宝受不了军训的苦，找我请假，我不准假，好宝便大哭大闹说：“我不军训，我就是不军训。”

我耐着性子说：“别人都参加军训，为什么你不参加军训？学校规定不参加军训是需要正当理由的。”

好宝显示出了熊孩子的特性：“我没有理由，就是不想参加军训。如果你非要我参加军训，我就退学……”请注意，那时是2007年，职校生源普遍较差，好不容易招来一个新生，一旦流失，学校相关领导会批评班主任，所以当时学生动不动就会拿“退学”来要挟班主任。

我当时急了，故意激将她："你如果因为逃避军训而退学，我不拦你，你尽管走……"

谁知，我的话还没说完，好宝就噔噔噔跑开了。

我一看这样子，气得发抖，却高声说："好！你走！我绝不拦你，绝不拦你……"说完我就跑到一个僻静的地方，给门卫师傅打电话，请他无论如何不要放一个叫好宝的女孩子离开学校。好宝情绪那么激动，出学校大门后，万一出事可不得了。

接着，我马上打电话给好宝的爷爷（好宝姐妹从小跟爷爷长大，她们的父母在外打工），简单把事情叙述一遍，然后诚恳地说："学生参加军训是学校的规定，一来可以锻炼她们的意志，二来可以让她们的身材更加挺拔。无论如何，请您劝劝她，别让她为了逃避军训而退学……"好宝的爷爷连声答应，说："老师，我知道了。她要是回家，肯定会先和我联系，我会劝她留下来。她妹妹好贝比较理智，你也可以让好贝劝劝她……"

放下电话，我马上跑到办公室找同事英子老师，因为好宝姐妹是英子老师招进来的，我说："你快去看看好宝，她不想参加军训，我刚才劝她但失败了，她要回家，你无论如何陪陪她，留住她……"英子一听，立即放下手头的工作，噔噔噔跑开了。

后来，好宝当然没有退学，同时参加了军训。好宝的爷爷直到现在，提起我还是赞不绝口。

为什么？

因为我让他也参与到说服学生、引导学生的事件中来了。

这就是心理学中的"栽花效应"——如果对方帮了你的忙，他就会认为你是一个好人，否则他将陷入思维混乱当中。假如我不向好宝爷爷求助，好宝回到家会理直气壮地说："李老师把我赶回来了。"好宝的爷爷生我的气，说不定会到校长那里投诉我，英子老师也会对我有意见。

比如尉氏县那个被挨打的女校长，如果发现女孩子在课堂上吃麻辣烫，批评无效后，心平气和地和女生家长联系："某某妈妈，我有一件事情想请您帮忙。您的孩子可能没吃晚饭，现在上课时间在教室里吃麻辣烫。我批评她了，但她不服气……请您帮我劝劝她，让她知道我没有恶意。我只是想让她明白，吃饭是需要注意时间和场合的。教室是学习的地方，在教室里吃饭，就像在汽车、地铁上吃饭一样让人难以接受，会被人认为素质低下……如果我们现在不告诉她这些道理，将来她也许还会犯这样的错误……谢谢您……”那么，可能就会避免悲剧的发生。

温馨提示

改向家长“告状”为向家长“求助”，只要教师表现得有理有节，家长就会参与到教育子女的事件中来，就会产生“栽花效应”，会认定我们是诚心实意地在帮助他们……

2. 改管学生为帮学生——学会与家长“共情”

“共情”，也称为神入、同理心、同感、同情心、投情等，是人本主义创始人罗杰斯提出的概念，这是一个心理学术语。主要指个体由于理解了真实的或想象中的他人的情绪而引发的与之一致或相似的情绪体验。这是一种替代性的情绪反应能力，即个体能够以他人为中心，识别和接纳他人的观点并能够亲身体验他人情绪的一种心理过程。研究显示：它和社交能力呈正相关。

这样专业的解释，让人感觉有点拗口。

让我们换一种说法。根据我通俗的理解，共情就是善解人意，就是对别人一些情绪、事件感同身受的反应。在教学中，我们若能站在家长的立场上考虑，很多棘手问题都可以迎刃而解。

比如，我曾经听很多老师说，班级发生了失窃案，老师着手调查，案情很快水落石出，行窃孩子也对老师承认了行窃一事，答应回家找家长要钱、还回去。

但是，第二天，孩子却反悔了，一口咬定自己没偷钱。原因不言而喻：是家长不愿意让孩子承认此事。

这时很多老师会非常生气。

其实，我们不必为此生气。班级遇到失窃案，我们想到的是尽快破案，而家长想到的是孩子的成长；我们想到的是把钱追回来，而家长想到的是孩子的名声。就算我们找到了证据，铁板钉钉就是这个孩子偷盗了钱财，家长也不会愿意让孩子背上“小偷”的名声。而家长撺掇孩子反悔，甚至倒打一耙说老师侵犯了孩子的名誉权等，都有可能发生。

那么，针对这样的事情，我们应该怎么办呢？

正确的处理方法就是，站在家长的立场上考虑问题，改管学生为帮学生。

2009年我担任班主任的时候，班级里发生了失窃案，而且是一个寝室里连续发生两起失窃案。

我着手调查，情况很快明了，疑点集中在一个叫云儿的问题学生身上。据孩子妈妈说，云儿曾做过肿瘤手术，康复情况不太好，所以家里人对她要求不太严格。于是，云儿养成了做事懒散、爱煲电话粥（那时手机还不能上网）等坏习惯。我的调查重点一般放在行窃动机（动机一般可分为报复、盗窃癖、确实没钱等类型）和行窃时间上，二者缺一不可。特别声明，我不建议老师们侦破失窃案，因为把握不好“度”，很容易让自己陷入尴尬、被动的局面。我只强调一点：在调查的过程中，老师不要让任何人（包括丢钱的人）了解自己调查的进程，同时严禁同学们互相议论、猜测。因为一旦有人了解到调查进程，他们会私下议论纷纷，推测盗窃者是谁。盗窃者听说调查进程后，一来会有一些反侦查行为，二来会认为反正你们都猜测是我，我的名声已经坏了，我何必非要承认……反而不利于学生的心理健康成长。

那么，我是怎么避免这些弊端，又让家长配合我的呢？

以下是我破案日记的节选。

2009年9月20日　晴

走到讲台上，我开门见山：“咱们班近来发生了盗窃案。”教室里除了甜甜寝室的同学，大都惊诧万分。我继续说：“我是一定会追究的，否则同学们的财产得不到保护。”我提高音量，用煽情的语气问：“大家支持我破案吗？”

“支持！”同学们异常坚定地回答。

我说：“是的，一旦有人丢钱，同学们必然会相互猜疑，人人心里都会有隔阂。偷盗事件一向是班级不团结的罪魁祸首。现在盗窃事件已经发生，我就不可避免地要调查，调查中不可避免地要伤害一部分人，冤枉一部分人。但为了将来不再出现类似的事件，这样的伤害总是难免的。我必须一查到底，同学们愿意不愿意和我配合？”

“老师，我们当然愿意。否则，丢钱的人多冤啊！”

我点头：“而且，如果这次丢钱我不追究，她还会有下一次，下下一次。最让人担忧的是，原本没有偷钱习惯的同学，在自己丢钱后，也可能会向别的同学伸出‘第三只手’。到那时，我们班级就不是培养幼儿教师的地方，而成了培养小偷的温室了。”

我必须承认，自己的语言很有感染力，同学们一时义愤填膺，纷纷回答：“老师，您必须调查，我们一定好好和您配合。”

我点头。我之所以说这些话，是因为曾经有别的班级发生丢钱事件后，老师费尽心思去破案，但被怀疑对象一哭闹，别的同学也开始哭，甚至埋怨老师，何苦为丢失一百元钱而大动干戈，反倒伤了同学们的和气。女孩子做事情总是这么没有理性，把老师气得只感叹“自己出力不讨好”。接受了她的教训，我才在“伤害”作案人前，在班里获得多数同学的支持，同时让盗窃的学生感觉到压力，感觉到调查过程中老师和同学都不相信眼泪。

接下来我说：“我可以明确告诉大家，我不是今天才知道甜甜的钱被偷盗的。我一直在暗地里调查，我已经掌握了作案人很重要的证据。目前这次破案分三步走。第一步，我给这个同学一上午的时间，在这期间，如果你来自首，我不但不追究，还会保护你的名誉不受任何伤害，并且会做通你父母的工作，让他们替你把钱还回去。”我这样说，是告诉作案人，我打的不是无准备之仗，希望她珍惜机会。我接着向下说：“第二步，你若中午之前没有来自首，我下午就开始和同学们单独谈话调查，对嫌疑最大的人，我会保护你的声誉，但希望你在证据面前承认错误。第三步，如果我有了充分的证据，你却不肯承认，那么，我将会在明天把调查经过如实写下来并向全班同学公布。在我写的调查里，我不下结论，所以，我没有必要为你的名誉负责。但是，人人心里都有一杆秤，到那时，每个人都能分析出来盗窃者是谁。即使你寻死觅活威胁老师，施加压力，也不起作用。大家说，我的三部曲可行吗？”

学生一脸敬佩，纷纷喊：“可行，就这样极好。”

然而，整整一个上午，一分一秒过去了，依然没有人来自首。我早预料到，那个向同学们伸出“第三只手”的人，是不会轻易来找我的。那需要多大的勇气啊！所以，下午，我的调查正式开始。我将312寝室的同学一个个单独叫来，详细询问、纪录，云儿也不例外。当我和寝室里的同学们一一谈话结束后，我已经知道，盗窃者必是云儿无疑。但是，我该怎样让她将钱拿回来呢？即使铁证如山，她也未必肯承认的。所以，在和云儿摊牌前，我就打电话通知云儿的妈妈赶快来学校一趟，我有充分的思想准备，等着云儿和她的妈妈一起向我叫屈。

云儿来了，她自然是很忐忑的，但她不相信我会如此认真，她说：“我以前所在学校的同学也曾经丢失钱物，但老师都没有追究。”

我说：“那是在你以前的学校。在这个学校我若不追究，那偷钱的学生今天偷盗一百，明天就会偷盗一万。而且，丢钱的学生该多生气？你觉得老师该不该调查？”

云儿回答：“您应该调查。老师，您现在是否在怀疑我？”

我说：“从目前我掌握的信息看，你身上的疑点确实很大。我也担心冤枉了你，所以希望你能对我掌握的证据做充分的解释，你必须有问必答。”

云儿轻轻点头。

我说：“甜甜丢钱那天早上，梦丹回寝室拿胸卡，你站在甜甜打开的柜子前，是吗？”

云儿说：“是的。”

我继续问：“梦丹走的时候，你还在寝室。后来，在甜甜发现丢钱之前，除了你，没有人单独在寝室里待过，是吗？”

云儿说：“是的。但是我没有偷她的钱。”

我点头：“这说明别人都没有作案时间，唯独你有。单凭这一点，你们寝室其他人就可以排除了。不过，你有作案时间，也并不能说明盗窃者是你。我的话公道吗？”

云儿的汗水流下来，却连连点头："公道。您的话很公道。"

我继续说："我调查过了，你曾经在星期天说过，自己身上只剩下九元钱，是吗？"

"是的。"

"但是，你这段时间经常在寝室外面打电话，有时要打到凌晨1点才回去睡觉。是吗？"

"我没有打那么晚。"

"那么你说你都是几点钟回去的？"

"估计10点钟吧！"

我斩钉截铁地说："错！昨天夜里你就是凌晨1点多才回去的，我可以找到你寝室的两个同学来作证。"

"老师，我没有戴手表，不知道回去的时候是几点。"

"好，现在你告诉我，你打电话的钱是从哪里来的？"

"这是我上周买的电话卡。"

我说："我已经找寝管老师调查过了，你曾经在甜甜丢钱的那天下午，买了很多张长途电话卡。你周日只剩下九元钱，你哪里来的钱买电话卡？"

云儿的汗水像小溪一样向下流淌，估计她没想到我会掌握这么多的信息，低头说："我是替别人买的。"

"你替谁买的？是咱们班的学生吗？"

"不是，是服装班的。我不知道她叫什么名字。"

我立即站起来说："好！现在你就带我去服装班找那个同学。"

云儿的泪水流下来："我不知道服装班在哪里。"

我说："你不知道没关系，我知道，咱们现在就去。"

云儿哭着说："老师，您不相信我的话，您也怀疑我。"

我说："班里发生了这样的事情，我怀疑的可不止你一个人。现在你带我去见那个同学，让她为你作证，还你清白。"

云儿执拗起来："我不去。"

这时候课外活动时间到了，广播里一遍遍呼唤着让大家去做操。我催促云儿："现在那个女孩子一定就在楼下做操，我们一起去找她还你清白。"

云儿只是哭："我不去，我就是不去。"

我语气依然温和，言辞却尖锐："好！我早预料到你会有这样的反应。现在我让你去找那个女孩子你不去，等以后你把那个女孩子找来替你作证，我就不会相信她了。一会儿你妈妈就会过来，我会让她去调查这件事情。若是她不调查，我就要按照早上说的话去办——将调查经过向全班同学公布。"

云儿抬起头："老师，您在威胁我。"

我点头："是的！我不但在威胁你，我还在伤害你。因为你身上有了坏毛病，如同一棵树需要修剪，我必须举起镰刀把你那长歪了的枝条砍掉。"

云儿不再做声。学校广播要求我必须去做操，我却不放心云儿自己留在我的陋室（我一个人在一个条件很差的房间里办公，为的是那里离教室近，又清静），一来怕她自己跑出去，再不回学校；二来怕我真的冤枉了她，她会寻死觅活。于是，我打电话向领导请假。

等学生做操结束，云儿的妈妈来了。

我让两名班干部陪着云儿坐在陋室里，自己和云儿妈妈单独交谈。

我先问云儿妈妈："你们这段时间给了云儿多少生活费？"

云儿妈妈还不知道班级丢钱的事情，如实回答："一百五十元。"

我说："您给云儿一百五十元钱，实在不多。因为前不久我们班的学生买了舞蹈服装、舞蹈鞋、画板等，这些买下来最少花费七十元。"云儿妈妈不做声。

我说云儿在学校每天打电话都到深夜12点左右；她说女儿确实有这样的毛病，在家里用座机打电话，一个月都能花费一千多元钱。我说连续两个周末云儿都没有回家（云儿妈妈知道此事），据说她向我请假后，就跑到网吧里上网；她说，云儿在家里也是这样迷恋网络，她为此很生孩子的气。我说班里如今丢了钱，云儿身上有很多疑点。像所有家长一样，云儿的妈妈不愿意相信女儿会做出这样的事情。我便把自己掌握的信息和决定——即云儿妈妈若不配合我调查，我将向全班同学公布调查过程——告诉了她。

这时云儿妈妈才说："老师，您若掌握了这么多证据，钱可能就是云儿拿的，我也不用调查了。您让我先和她谈一谈，也许她会承认的。那样，我就替她把钱还给人家。她以前所在的学校，学生也经常丢钱，但从来没有人调查。云儿可能就是在那里养成了盗窃的坏习惯。您看看这事情，真让我脸上无光啊！”

我说：“您和她谈话当然是必须的，不过，她可能还是不会承认。”

云儿妈妈很聪明，马上说：“即使她不承认，我也应该把钱还给人家小姑娘。您就别公布调查经过了。”

于是，我走出办公室，让云儿和妈妈单独谈话。过了一会，我从教室里看见云儿从我的陋室里冲出来，怒气冲冲地跑下楼去了。

我急忙去找云儿妈妈，她妈妈被气得满脸通红。原来，云儿没有和我谈崩，却和她妈妈谈崩了。我担心云儿想不开，急忙让她妈妈追寻。

云儿早已经不见了踪影。云儿妈妈把钱给我，抱歉地说：“请您替我还给那丢钱的女孩子吧！我很希望云儿在这里上学，但孩子发生了这样的事情，也真够丢人的。还是让她退学吧！”

我说：“您若是因为这件事情让她退学，倒不如让她换一个专业，换一个寝室。云儿经历了这样的事情，以后一定不会再拿别人的钱了。同学们根本就不知道云儿嫌疑最大。”

她点头称是：“那就辛苦您了。”

我说：“现在，您还是赶快想办法找到她才好。”

目送云儿妈妈远去，我暗吐一口气：和云儿谈崩的若不是她妈妈，而是我，我该怎么办？一旦孩子离校出走，什么调查啊、破案啊，只能不了了之，先把孩子找到才是最重要的。

很多时候，老师就是这么进退两难。好在，现在甜甜丢失的钱已经被追回来了，别的同学估计不会有盗窃的心思了。

温馨提示

除了求助和“共情”，教师和家长交往的技巧还有很多。

1. 书信往来。比如，1997年我当班主任的时候，还没有买电脑、手机，我就在学生放假时，给每位家长写了一封信，每封信都针对这个孩子的优点和努力方向做了详细分析，短的三四百字，长的一千多字，写这些信花费了我大半个月的业余时间，家长读了信后非常感动。现在我们可以利用手机、电脑等和家长交流，既便捷又高效。

2. 开家教讲座。比如，陕西咸阳道北铁路中学的呼秀珍老师，创办了《好家长》报，每两周一次送给家长，并且在家长学校开讲座。教师要相信，我们的每一份努力，都会有收获。当我们为孩子辛勤付出的时候，家长是能感受到的。我们可以定期在微信群里给家长开讲座，或者传播一些先进的教育理念，这是统一教师和家长思想最好的方式之一。除了求助和“共情”，我们平时和家长交往的技巧还有很多。

3. 善良比聪明更重要。很多时候，我们教师太睿智、太聪明，在教育孩子时可能会把孩子说得哑口无言，这其实不太好。该给孩子和家长留面子的时候，就要留面子，这样才不至于激怒家长，也能更好地保护自己。

4. 与学生家长交流时要避免随意性和情绪化，最好在交谈前想好约见家长的主题和目的，设计好如何切入主题，如何结束，如何谈学生的优点和问题。交谈后，还要考虑如何向学生和其他教师反馈约见家长的情况，最后要总结自己以后在和家长交谈时需要改进和注意的方面。

第六章

朋友——给予力量快速成长

电影《当哈利遇见莎莉》里有这样一句经典台词:“爱情是灯，友情是影子，当灯灭了，你会发现你的周围都是影子。朋友，是在最后可以给你力量的人。”

可见，朋友对我们有多么重要！但并不是所有的朋友都是给我们力量的人。孔子曰:“益者三友，损者三友。友直，友谅，友多闻，益矣。友便辟，友善柔，友便佞，损矣。”女教师如何选择自己的朋友？这实在是一门学问。

鞠强教授在《管理心理学》的讲座里说:“如果一个人生活不如意，事业陷入困境，他不换思维，不换圈子，想要突破困境，永无希望。现实里我们会发现，牢骚大王喜欢和牢骚大王在一起，他永远都意识不到自己是指责型人格，因为他圈子里的人都是牢骚大王。他没有跳出这个圈子，他就不知道圈子外面还有积极向上、乐观自信的人。”

有人做过研究，同样学历、水平的年轻人到上海打工，有的人挑的住房是城中村很廉价的房子，有的人却租住在高档住宅小区里，房租价格贵很多。五年、十年后再看这些人的发展，在城中村居住的人，收入、升迁等远远不如在高档小区居住的人。因为他们所处的环境不同，导致人际交往的圈子不一样。

我以前一直居住在部队院校家属院，每天早上不到6点军号声响起，学员、教官纷纷起床跑步锻炼，我常常看见教官夹着书本边散步边思索，或者学员们一身戎装排着队去上课，那种积极向上的精神面貌颇有感染力，让我觉得自己不能荒废青春，且必须与书籍为伴。现在我住在一个比较高档的居民小区，每天晚上会抽出一个小时到健身房锻炼，邻居多为经商的老板，或事业有成的企业高管，每每听到男人们在跑步机上电话安排工作，或女人们在喝茶间隙交流管理之道，我便感觉人生如此精彩，我应该珍惜每一天，过好每一天，且注重保养好自己的身体。

在这样的圈子里，我们没时间打麻将、谈八卦新闻。但是，在有些圈子里，当我说自己不会打麻将，也不常看韩剧时，她们会像看怪物一样看着我说："那你活得多没意思啊！"

所以，朋友是我们的镜子，我们有什么样的朋友，可能就会成为什么样的人。人生最大的悲哀，就是在错误的人际圈子里不知不觉耗尽一生，碌碌无为虚度年华。人生最大的喜悦，就是遇见与自己频道相同的那一盏盏明灯！你点燃我的激情，我点亮你的梦想。你照亮我的前途，我指引你走过黑暗的旅程。你我彼此是贵人，相互辅助，成就对方，甚至成为一生的合作伙伴。

愿我们每个女教师都能遇到与自己频道相同的益友。

1. 见不得你积极上进的朋友，不要也罢

朋友是我们的护航舰，哪里会有朋友见不得我们努力？

但是，这样的朋友还真有。

前日，一位远方的好友对我说，在她没有出版专著、没有被邀请去讲课的时候，她的朋友很多，领导同事对她的评价都很高。但是，当她这几年开始夜以继日地读书、写班级日记，一篇篇文章被发表后，她的朋友忽然变少了，周围人对她的负面评价也多了，甚至领导会无故给她设置种种障碍，而中层以上的干部没有一个人替她说话……她说："难道真的是我很坏很坏吗……我还是像以前一样努力工作的啊！因为不断学习，我的课堂教学、班级管理比以前更有成效……"

我当时无力安慰，忽然想起前段时间在微信朋友圈里看见的网名为"青岛遇见你"写的一篇文章：《你就是不喜欢我努力的样子》，颇有感触。

作者说，她的表妹在大学里很努力。

早上，室友们还在睡懒觉，她已经在操场上跑了2000米，背了1个小时的英语单词；大家经常逃课，她却每一节课都认真地记笔记，并辅修了日语；室友们在刷微博、看韩剧，她却在图书馆里备考英语六级和BEC……所以，她与室友们有点格格不入，各种各样不好听的声音也出现了：

"书呆子！就知道学习，一点也不知道享受大学生活！"

"她是不是笨啊，用得着这么拼吗？我随便看看书，考试就过了！"

"你这么努力，让我们看着压力很大，离毕业还有三年呢，不用这么早就为找工作做准备吧。"

语气中尽是责怪、挖苦和嘲笑。

表妹一度很郁闷："姐，我觉得大家好像不喜欢我努力的样子。"

"她们是什么样子？每天逃课、参加联谊会、逛街、上网、玩游戏，讨论哪家的衣服最好看，讨论哪个男生颜值高，你喜欢这样无所事事吗？"我反问。

"不喜欢。但是，她们不喜欢我这么努力……"

"亲爱的，她们喜欢不喜欢，和你有什么关系？！她们为什么看不惯你努力的样子？因为她们懒！她们懒得学习，懒得进步，懒得努力，却要把你变成同样懒惰的人……"

对"见不得你积极上进的样子"的朋友，我们不要也罢！

我当时对远方的朋友说："他们就是不喜欢你努力的样子，你不必在乎，我们努力不是给别人看，而是对我们自己的人生负责。当我们继续努力，我们会遇到更多真正的朋友。"

以我自己为例，2005年左右，网络上的教育论坛很红火。我开始写班级日记后，就来到了教育在线论坛。当时我实实在在地感受到：不上教育在线，就不知道中国的教师有多优秀。无数个教师都在这里分享班级日记，探讨如何读书，思索课堂教学艺术……这里高手如云，和他们相比，我羞愧难当。我不敢停下前进的脚步，我在这里结识了很多孜孜不倦热爱教育的朋友，我的生活发生了翻天覆地的变化……

此后，我的朋友遍布祖国各地，和他们交往多年后，我的综合素质更高了。

这就是前文鞠强教授所说的因为“换圈子”“换思维”，我迎来了更精彩的人生。

温馨提示

1. 人们不会去嫉妒、排挤远方的陌生人，却总是喜欢和自己身边的人做比较。因为我们的存在刺激了他们，让他们觉得自己是在虚度人生。对此，我们要持理解的态度，我们不能要求别人都和自己一样。
2. 当我们比别人强那么一点点的时候，别人会嫉妒我们；然而，当我们比别人强出一大截的时候，别人会羡慕我们。所以，我们不要介意那些冷言冷语，更不能因为别人的冷言冷语而停止自己追求上进的步伐。

2. 你和什么样的人交朋友，你就会成为什么样的人

有位朋友说，她的学校新引进了一个美女教师，举止优雅、气质高贵，无论和谁说话都彬彬有礼、笑容可掬，办事说话很活泛，领导同事都认为她将来必然前途无量。

可是让她当班主任，她却将班级带得一塌糊涂。

后来朋友才得知，新生入学军训，别的年轻教师早晚都和学生在一起，为的是方便了解学生情况、维持纪律，以帮助学生养成良好的学习、作息习惯，她却和几个老教师在房间里喝茶休息。开学一个月后，学校让这个美女教师当我朋友的徒弟，朋友问她怎么开学初没有严管学生？对职校学生来讲，新生入学初期严管两个月，班级形成良好班风后，班主任可以轻松两年；如果前两个月班级没有形成良好的班风，班主任即使弥补两

年，也是事倍功半……

她说："那时有几个老同事对我说，我用不着那么拼命，只要把学校要求的事情做完就可以了。很多时候忙活一阵子是白忙活，付出再多辛苦也得不到回报。上一节课就那点课酬，上好上坏一分钱不多一分钱不少，班主任补贴也就那么多……"

她老老实实地交代。

当朋友跟我说这些的时候，我不禁叹息：年轻人，没有什么努力是白费功夫的，多学点儿东西总是好的。何况，我们努力工作，孩子进步更大了，我们自己的心里也舒服呀。

我真想对那个年轻女教师说："那几个老同事哪是为你好，他们只是不喜欢你比他们还拼命，他们不喜欢你努力的样子。因为你的努力威胁到了他们——一个个年轻人都这么努力，我们这些老教师怎么办？他们要更努力才不至于被比下去，但他们已力不从心，所以他们才会用表面的轻松掩盖内心深处的压力，并将心中的焦虑感转嫁给年轻人。他们的苦口婆心，只是为了影响你的思路，扰乱你的视听，你已经成功被洗脑了。"

工作中还有没有类似的情况呢？

当你加班和学生谈心，会有人酸溜溜地说："工作这么努力干什么，又不多给你一分钱。"

当你读教育类书籍，会有人嘲笑说："努力学那个干什么，又不能当饭吃！"

当你满腔热情地工作，会有人泼冷水说："咱们学校发展不景气，我都不愿意干了，你那么拼命干什么？"

这时候，你可千万要保持住你的"初心"。千万不要因为别人的一句"贴心"话，而放弃自己的努力和梦想。别人都不希望你比他强，比他好，所以，你努力的时候，他们觉得自己受到了威胁。他们企图用这种"为你好"的方式，让你放下斗志，平庸度日。

生活中，我经常会听到别人说："你努力有什么用？"

我想，我努力，是因为我觉得踏实；我努力，是因为我喜欢自己用心做一件事情的样子。我的朋友遍天下，我加入很多微信群、QQ群，有时我们共读一本书，有时我们一起探讨工作或生活中的问题。和他们在一起，我常常感觉到自己的卑微，感觉到自己的内心被净化。比如干国祥老师、魏智渊老师、王晓琳老师……看着他们在群里的发言，我常常感叹：他们的知识那么渊博，而又那么努力，我怎么好意思止步不前？他们在网络上大大方方地告诉大家自己的努力和辛苦，毫无保留地分享自己的成功经验，鼓励更多的人去拼搏去奋斗，给予我们满满的正能量。他们从来不怕自己的努力被别人看到，也不怕自己的努力被人嘲笑。2016年，我参加了一个阅读小组，小组成员共读《苏菲的世界》，带领我们阅读的导师网名叫“车行天下”，还有个老学员网名叫“小路”的，他们对我们的阅读方法进行指导，并分享了自己的阅读心得，他们尊重努力的人，想让我们和他们共同努力。他们知道：赠人玫瑰，手有余香……所以，他们走得更远更广。

如果不参加这样的学习团队，我可能还会在自己的领域里沾沾自喜，自以为了不起，但是阅读了他们的学习心得，看到他们努力的样子……我觉得自己是井底之蛙，必须怀着一颗最谦卑最感恩的心行走在路上。

这些人，才是我们应该结交的朋友啊！

温馨提示

1. 努力是一个人最漂亮的生活姿态。千万不要因为别人的不喜欢，就改变自己最美丽的模样。
2. 判断一个人是你的益友还是损友，就要看看你和他在一起，是每天都有进步，还是一天天在堕落。
3. 每个女教师都会有自己的闺蜜。闺蜜就是懂得你的脆弱，也明白你的坚强的人。遇见闺蜜，其实就是遇见世界上的另一个自己。你们的个性可能大相径庭，爱好也是天差地远，但即便是“一个像夏天，一个像秋天”，也能够给彼此一些靠谱的建议。让我们珍惜闺蜜的情谊，并努力使彼此越来越优秀。

中

用爱经营家庭

第七章

相夫——比翼齐飞情更坚

做一个灵魂有香气的女教师，不仅表现在工作上要引领一个班级的风气积极向上，而且在生活中也要因思想的深刻、言语的流畅、态度的谦和，引领身边人改变陋习。我们拒绝被动地适应社会上的不良风气，而要用自身的优秀改变社会。

我虽然出生在农村，但因为我的父亲是教师，哥哥姐姐都读了大学，我们家几乎没有受到当地陋习的影响。而我先生所在的村子，就没那么开明了。他们村位于太行山区半山腰。朋友们请注意：越是交通闭塞、文化落后的地方，陋习越多。

我先生的妹妹艳艳比我小两岁，她比我晚两个月结婚。她的婚事是在农村老家办的。根据当地习俗，娘家人要在婚礼那天把闺女送过去——俗称“送花轿”，所有“送花轿”的人都要在新郎家吃一餐午饭。根据旧俗，“送花轿”的人越多，说明新娘的娘家人丁越兴旺，婆婆家就不敢轻易欺负新娘子。

所以，那天送艳艳出嫁的娘家人很多，七大姑八大姨表兄表嫂一大群。因为我和先生举办的是简约式婚礼，没有大宴宾客，所以多数亲戚我都是第一次见面。新娘的父母，也就是我的公公婆婆是不能去“送花轿”的，我是艳艳唯一的亲嫂子，所以，在所有“送花轿”的人里，我和先生是最有发言权的——虽然亲戚们都不怎么认识我。

妹妹的先生姓宋。我们将妹妹送到宋家后，发现他们准备的凳子不够坐。新郎的亲戚们忙着去邻家借凳子，我们这边一群娘家人却生气了：

“怎么连坐都不让我们坐？”“这不明摆着欺负人吗？”“他们既然这么不重视我们，我们何必非要留在这里？”吵吵闹闹好久，有人建议把酒席掀了，不愿意参加他们的婚宴，以便给妹妹婆家人一点颜色……妹妹开始掉眼泪。我一看事情要闹大，便站在院子中央，大声说：“大家别闹了！山村人家轻易不办这么大的事，没有经验、照顾不周也是可以理解的。我觉得人家没有轻看我们啊！咱们多体谅体谅他们吧！谁没有一时失误的时候？现在，请年龄大的亲戚先坐下，年轻的先站一会儿，凳子马上就找齐了……”

我虽然年轻，但毕竟是当老师站讲台的人，嗓门大、气场足，又是新娘唯一的亲嫂子，所以大家没有当面反驳我的话。而那些打算大闹一场的堂兄堂嫂表哥表嫂们，却觉得没劲儿，吃过饭回到我的婆家，他们就找我婆婆告我的状，说我毕竟和艳艳没有血脉关系，说我不心疼艳艳，竟然帮着外人说话，眼看着人家看不起娘家人，却连大气都不敢出一声儿，太窝囊……公公婆婆嫁闺女本来就伤心，听亲戚们七嘴八舌地指责我，便很生我的气。婆婆的话更是话中带刺：“李迪，你知道不知道，一个女人一生中最风光的时候就两次：一次是出嫁的时候，娘家人可以随便闹，婆家都不能有意见；另一次是去世的时候，娘家人叫‘后家’，可以随便拿婆家人出气，婆家也只能忍气吞声。你这可好，放着该闹的时候不闹，白白让人家笑话我们娘家人没本事，以后艳艳在婆家受气了，谁负责……”

我睁眼看着婆婆家一院子的亲戚都瞪着我发怒，便去拉先生的手，我想跟他解释，想让他帮我说话，谁知他心疼自己的母亲难过，竟当着所有人的面把我的手甩开，冷冷地说：“艳艳和你没有血缘关系，所以你不心疼她，你还有什么好说的？”

我的泪水立即就流下来了，说：“是我不心疼艳艳吗？你们问问自己，今天我们把艳艳送过去，难道还会因为凳子不够坐再带她回来？她愿意离开她的丈夫吗？何必非要因为小事棒打鸳鸯？她若被带回来，就算再找婆家，也成了二婚。如果我们不带她回来，这是她大喜的日子，她的娘家人却掀了酒席返回，把她一个人孤零零地留在婆家面对乱糟糟的境况，她心里会怎么想？你们在闹的时候，她都流泪了，难道你们打算让她遗憾一辈子……”我一边说，一边流泪，整个院子里的人都不再作声。先生的外婆已经将近80岁，却非常明理，颤巍巍地站起来对大家说："啊呀！你们别委屈了李迪，我听她说的话，真是句句在理，她才是真为艳艳考虑。"

所有的亲戚都悻悻地不再作声……

我没想到，自己这一席话，竟然赢得了村里所有少男少女的心，更别提艳艳婆家对我的感激了。

不久，我的堂妹出嫁。堂妹一家人在办宴席的前一天担心有人闹婚宴，特意找到我的公公说："明天可能有素质低的亲戚大闹婚宴，李迪毕竟是堂嫂，又年轻，我们怕她万一控制不了局面，所以希望你能过去……"又总结说："凡是那些想大闹婚宴的人，都是远房亲戚，他们根本不考虑两亲家的感情……"

至此，我知道，自己虽然远在省城工作和生活，但是已经对改变小山村的陋习发挥了一点作用。

其实，如您所知，传统的陋习不仅仅在小山村存在，在城市家庭里也不少见。

1. 温情开导另一半儿

冬日的夜晚，在健身房锻炼一个多小时后，我和先生双双把家还。

一进门，看见家里窗明几净，我不禁赞叹："好温馨！好干净！好暖和！"

先生笑着埋怨说："想一想，你有多久没有打扫卫生了？"我忙说："嗯！你辛苦了！"先生显然不领情。如果他说的这第一句话是邀功，接下来的一句话就透出不满了："现在你在这个家里啊，真是什么也不会干了，你都没有做家务的功能了……"

先生参军20多年，2017年打算自主择业，近期正在办相关手续。在找到下一份工作的这段时间，他每天在家里体验"家庭主男"的角色。其实，先生是一个很懂得收拾房间且喜欢打扫卫生的男人，但是根据我们家乡山村的传统，男人是不用做家务的，哪怕女人在田野里和男人干一样的活儿，回到家里，洗衣做饭打扫卫生等家务活依然是女人分内的事儿，男人只管像大爷一样等着女人给他盛饭倒茶。尽管我们在省城生活了20多年，先生在理智上知道家务活应该由夫妻一起干，但近期当我忙碌起来，无暇顾及家务活时，他依然会时不时流露出“到底意难平”的表情。

这时候我若回应说“是的，这个家全是你在收拾、支撑”——他一定会觉得自己吃了亏。因为我和孩子早上6点多就上班、上学去了，我晚上6点回家后还要锻炼、读书、写文章、弹古琴，孩子晚上10点才回家，一整天家里就他一个人，难道不该做一做家务活吗？但我若说“不是”呢？他会更委屈生气，似乎是我不认可他的劳动。

所以，我当时没有回应，却在几分钟后，搂住他的脖子说：“要不，这样吧，我的银行卡上刚刚收到一笔将近一万元钱的稿酬，我明天去家政服务公司办一张钟点工的卡，我们每周请钟点工来打扫两次卫生，这样你就不用过于辛苦，家里也能保持整洁……”

先生一听，马上摇头：“不行！我们家本来就很整洁，也没有什么地方需要钟点工打扫的。就这点儿家务活，还不够我干呢！谁稀罕他们来打扫……”

我在心里暗笑：“你明白这些就好。”见他转身走向厨房烧开水，我便跟在他身后，将脸贴到他背上，说：“其实，我也不是那种一点也不顾家的女人。2012年，我患面神经炎在家养病那段日子，不是每天都变着花样蒸馒头、炒菜吗？前几年你到新校区上班，每天早上6点半就出门去坐班车，晚上8点才到家。我每天早上都是将锅碗瓢盆洗刷干净，最后一个出门，晚上又是第一个回家做晚饭。那几年我也没说什么。现在是特殊时期，你在家里的时间比较长，多为家里做些事情，确实是辛苦你了。但是总不能让我除了上班，还要学习、打扫卫生，而你却当甩手掌柜，什么事都不干吧……”我还没说完，他就转身反驳：“我哪里是这样的人？”我忙笑说：“是啊！你也不是这样懒惰的人！等过段时间，你找到新的工作，说不定就又忙起来了。到那时，我可能又会干更多的家务活。咱们一家人互相体谅着，谁多干点儿，谁少干点儿，都没什么……”

在我们中国传统习俗里，总是“男主外、女主内”，但是现在的妇女同志不可能不工作。现在多数男人是可以接受做家务活等事情的。如果丈夫是城市家庭出身，公婆尚可理解并支持；如果丈夫是农村家庭出身，那问题就严重了，公婆可能会想：我儿子从小衣来伸手饭来张口，我舍不得让他做一丁点儿事情，凭什么一结婚就要伺候你……

比如，我婆婆一辈子生活在太行山区，过着日出而作、日落而息的生活。冬天山里太冷，我们会接她来和我们一起住。这时，问题就出现了。北方的冬天，有时候下午5点多天就黑透了。婆婆的思维习惯是天一黑，女人就应该回到家里。她不看时间，只看天是否黑了。我们学校每周四下午有全体教工会，可能将近晚上7点才结束。每到周四晚上，婆婆便急得想发火："天都黑这么久了，李迪怎么还不回来？""这都二半夜了，她一个年轻女人一直在外面跑着还了得……会不会出什么事？"其实那时可能刚刚晚上7点钟。天下儿子都是听父母的话的，倘若婆婆天天唠叨，儿子媳妇的感情可能就会出问题。

孩子小的时候，我们在部队院校里住（我先生当时是某军校教员），孩子就在我家楼下的部队幼儿园上学。那时我当班主任，每天早上7点钟之前就要出门，晚上有时候陪学生晚自习，可能9点才到家。这样接送孩子的任务就全部落在先生身上。婆婆颇不开心，常在先生耳边唠叨。先生有时候会埋怨说："孩子上幼儿园，你接送过几次？"一开始他说这话我只认可，并向他道辛苦。后来，他说得多了，我便在他情绪好的时候开导他："我每天早上7点就上班，那时候幼儿园还没开门呢！我总不能那时就把孩子送到幼儿园门口等着吧！幼儿园下午5点多就放学，那时我还在学校呢！我不可能专门跑回来接他啊！我们现在就在你单位里住着，早上7点45分你把孩子送到幼儿园，然后去上班，互不影响。下午下班时，你顺路把孩子带回来，多么方便。如果你觉得自己接送孩子太辛苦，咱就搬到我们单位附近住，把孩子送到我们单位附近上幼儿园，我保证每天早上照看完学生早读，再把孩子送去上幼儿园。晚上接了孩子，我还可以继续照看学生上自习课。这样，家里的事情你就一点都不用操心了……"先生说："我们单位的幼儿园条件多好，住房也不错，何必去你们那里……"如此，我什么话都不用说了。

女教师结婚生子后，压力格外大。上有老，下有小，外有工作，内有家务，倘若遇到自家先生不肯帮忙做家务，或者另一半儿即使做了家务也不开心，两口子大吵大闹不仅伤感情，还不能解决问题。所以，遇到矛盾，尤其是因为陋习而产生的矛盾，我们需要冷静下来认真分析，并温和地劝说。所谓好女人对男人是一所好学校，就在于女人虽然柔弱，却可以很理智、很温情地去开导对方，而不能一味地刁蛮、任性、撒娇，甚或强势地去强迫对方。

“天下事柔弱胜刚强”，我非常赞同老子的这一观念。退一步并非软弱的表现，而恰恰是有韧性、更坚强的标志。

温馨提示

1. 天下事柔弱胜刚强，夫妻相交尤其如此。女教师在外要有大女人的坚强和魄力，在家要表现出小女人的柔弱和情怀，才能更好地经营婚姻。
2. 在家庭里，沟通是关键因素。夫妻间有了争执，首先要解决情绪问题。很多时候，情绪问题解决了，别的问题也就不是问题了。

2. 在天愿作比翼鸟

和很多贪玩的女生一样，我刚刚结婚的时候，也是每天沉迷于看电视、逛街购物等，有时无事生非和丈夫闹闹小脾气，常常为无厘头的泡沫剧废寝忘食。

当时，我们住在丈夫工作的某军校的教职工家属院里，周围有很浓郁的学习氛围，但我却视而不见。

一天晚上，我一如既往地看着电视剧或哭或笑或恼怒，在播放片尾曲的时候，丈夫把我拉到阳台上，指着前面那栋楼的一扇窗户说：“你看看那户人家的书房，每天晚上灯都亮着，而且会亮到深夜11点以后。”我顺着他手指的方向，看到对面人家的玻璃窗内，一个三十多岁的男人正在伏案读书，微风吹来，窗外的树叶簌簌响着，我忽然感觉那个努力的背影好美，心不由一动，轻声说："他在学习。"

丈夫点头说："我们这么年轻，应该和他一样，不能只顾着玩儿……"

如今，当人们问："你每天晚上都读书、写作、弹琴……你的先生乐意吗？"

我便纳闷："他怎么会不乐意呢？本来就是他把我引到这条道路上的啊！"

清楚地记得，2003年暑假，我家里还不能上网，丈夫每天都把我带到他们学校的图书馆看书。我第一次上网，他不教我玩游戏、QQ聊天，却直接打开一个教育论坛让我浏览。在《教师博览》的"白鹿洞论坛"，我看到了万玮老师的帖子，被深深吸引，惊叹天下竟然有如此精力充沛且智慧无穷的教师。丈夫便把万玮老师的文章一篇篇复制粘贴在文档上给我看。后来，我也开始一边当班主任，一边在夜深人静的时候写日记……

有一个时期，我痴迷《道德经》。丈夫不作声，却到图书馆收集关于老子的各种版本的图书，借回来直接放到我的书架上……

当我开始阅读弗洛姆的《爱的艺术》时，弗洛姆《恶的本性》等其他作品便会在我不注意的时候，来到我的书桌上……

丈夫不善言辞，但是会很细心地观察我对什么事情感兴趣，再悄悄地帮我准备。回首往事，我真心感觉，丈夫是在用行动引领着我前进。

如今，每每有年轻女教师问我怎样挑选自己的另一半的时候，我总会告诉她："不要过分看重外貌、金钱、权势等外在条件，最重要的是他不但欣赏你的优点，还能包容你的缺点。如果你的另一半懂你，愿意助你实现梦想，渴望成为你的灵魂伴侣，你的生活自然会过得幸福又浪漫。"

完美的婚姻，是彼此的成全！

随着时间的推移，我在心理学、哲学方面读的书越来越多。当丈夫打算从部队退役然后自主择业的时候，我意识到他需要第二次就业，便推荐他在网上听金正昆教授的礼仪讲座。谁知他一听便不可收，开车的时候听，在健身房锻炼的时候听，散步的时候听……他不但自己听，还向我推荐精华章节，并和我一起讨论，相互监督是否已经将礼仪知识内化为自身素质。丈夫学习的内容也随着时间的推移而更加丰富，他不断向我推荐好的学习内容——鞠强教授的《管理心理学》等。

所以，看一对夫妻是否能够给对方带来幸福，首先要看他们是不是愿意陪伴对方成长。

正如民国时期的才女潘素和她的丈夫张伯驹。

潘素本是民国时期一个才貌俱全的青楼女子，如果不是遇上张伯驹，潘素的名妓生涯未必会结束得那么早。张伯驹是著名的“民国四公子”之一，出身豪门，玉树临风，却少有纨绔之气；他曾投身军界，却因政局黑暗而回归文人之身。张伯驹爱上潘素后，千方百计和她走到了一起。婚后，他很快发现了潘素的绘画天分。张伯驹对此不仅大加赞赏，而且努力培养。先是介绍她向朱德甫习作花卉，让她向夏仁虎学习古文，后请老画家陶心如、祁景西、张孟嘉等各教所长。谈笑有鸿儒，往来无白丁，潘素的绘画技艺精进迅速，最终成为著名的青山绿水画家。潘素的画作常常配有张伯驹的诗词书法，可谓珠联璧合。

潘素对张伯驹也是欣赏并支持。这对夫妇不仅在艺术上琴瑟和鸣，而且在收藏上一直都是共同进退。当时夫妇两人为了收购展子虔的《游春图》，不惜把他们住的房子（李莲英旧别墅）变卖，在看到西晋陆机的《平复帖》时，潘素变卖了自己的珠宝首饰，用四万银元买下了这件传世书法作品。1955年，张伯驹被划为右派，潘素一直与丈夫患难与共。虽然生活道路上有各种坎坷，但有如此相互欣赏、相互扶持、不离不弃的伴侣，潘素和张伯驹，也是不枉此生了。

其实，幸福女人的背后都有一个人品好的、智慧的、替妻子着想的丈夫。这样的男人，懂得欣赏女人的优点，包容女人的弱点，甚至，他们如一支点石成金的妙笔，能发现女人自己都意识不到的潜能与才华，并把女人培养得才华横溢。

当然，这样的女人也要懂得回应，明白“你对我好，我将尽我所能给予你更多的好”。

婚姻是懂得，是珍惜，更是彼此的成全。

今日回首我自己的成长，我不得不说：自己的命真好！遇到了一个支持我、引领我成长的伴侣。

遗憾的是，据说很多男人并不喜欢女人过于优秀，过于有才华。我认为这样的男人多少是有些自卑的，他们是害怕妻子超过自己、嫌弃自己吧！所以一旦结婚，他们就劝说妻子做全职太太。他们表面上看似乎是很爱自己的妻子，女人也往往沉迷其中。其实这是一种爱的假象。

我们的人生就好像在攀登一座山，在登山途中，男孩和女孩相遇了，因为学识相当、志趣相投，两个人由相识到相恋，随后步入婚姻的殿堂。结婚后，男人很大度地告诉妻子："你不用上班了，你在家里歇着，想做什么就做什么。挣钱的事情，让我们男人来做……"——这话听着豪爽吧！妻子高高兴兴辞去工作，把所有精力都放在了家务活上，等她有了孩子就更加忙碌。这个时期，她相当于停在了半山腰，视野可能比婚前还要狭窄，何况容貌哪里经得起岁月的侵蚀？但是，男人却依然在进步，在攀登，两个人的距离越来越远。当男人快要走到山顶的时候，遇到了另一个女人，这个女人从没有停止过自己的追求，她有着逼人的才气和高雅的气质。这时，男人不可救药地爱上了这个女人。

聪明的你，请告诉我，这究竟是谁的错？这个结局固然不是女人想要的，肯定也不是男人想要的吧！

再来打个比方：面对一件精致、美丽的衣服，如果有女人说她不喜欢，那么，不是因为她没钱，买不起，就是因为她太胖，穿不了。但凡不愿意让妻子更优秀的男人，就像这个声称不喜欢美丽衣服的女人，恐怕也是怕自己太穷（学识不够），或太胖（不够高雅）配不上妻子吧！

温馨提示

1. 一个充分了解妻子的男人，一个尊重妻子并且愿意站在她的角度帮助她奋进，又不强迫她改变的男人，才是一个女孩子应该追求和选择的。

2. 如果一个人只能在金钱上帮助你，而无法让你在这段婚姻中逐步成长，那么这段婚姻迟早会消耗掉你的青春活力，更会抹掉你脸上灿烂的笑容。

3. 理想的伴侣会乐意成全你，时刻守护你，从你的身上发现你的魅力，赏识你，培养你，让你由内而外散发出自信和优雅。

4. 婚姻不是一场交易，而是两个人的成长。为了物质带来的一时愉悦而放弃一生的成长，实在不是明智的选择。

3. 执子之手，与子偕老

当我宣布要以自己的婚姻为题材写一篇文章时，正在刷牙的丈夫顾不得满口牙膏泡，含含糊糊大叫：“不行！”——好像我要把他卖了一般！我笑着说：“你没有做贼，心虚什么？怕别人知道你整天欺负我吗？”

丈夫和我是高中同学。不了解我们过去的人听此都会惊叹：“你俩早恋啊！”我便淡淡一笑，其中不无醋意：“是他早恋，不过当时的女主角不是我。”

当时，他因成绩优异而全校出名，我因能歌善舞也有一定知名度，但我们从没说过话。我和他真正交往是在大学毕业后，在一次同学聚会上，他穿一身军装，英武中略带儒雅之气，给我留下了很深刻的印象。如今每每受了委屈，我便要埋怨他那身军装，如果他不是军人，我肯定……

我和丈夫的性情极不相投。

和多数女人一样，我喜欢比较抽象的关怀，而他却偏偏不记得我的生日，更不喜欢说甜言蜜语。刚结婚时，我们在学校的“鸳鸯楼”分到一间房子，带有卫生间和阳台。我欢天喜地和他一起粉刷墙壁、油漆门窗。并不是雇佣不起工人，而是我固执地认为，只有两个人亲手布置的家才牢固。想一想：每天睁开眼，所见的一切都是我们共同营造的，怎么会不感觉甜蜜呢？可是丈夫没有这样的情调，看我心满意足的样子，竟埋怨说：

"你这个容易满足的小土妞啊！害得我和你一起受累！"我笑嘻嘻地反驳："你看你娶了一个多么能干的老婆！"

在待人方面，我感情丰富细腻，颇有亲和力；他却不苟言笑，严肃得出奇。在处事方面，他严谨精细，极具耐心；我则粗心大意，不拘小节。于是家里到处弥漫着他吵我的声音：这里错了，那里又不对了；到处都是你的东西了，头发掉得满地都是了，书随手乱放了，尤其是梳妆台上的瓶瓶罐罐让人忍受不了啦等等。他是单位里的"内务标兵"，最见不得杂乱。每次他批评我，我都不分辩，却只把他的话当耳旁风。于是，他的脾气越发见长。有了孩子更不得了，为了树立父亲的权威，他几乎每天都要打儿子两巴掌。我却是极疼孩子的，我们家是标准的"严父慈母"。

我对钱没有什么概念，从来不知道家里有多少钱，也从来不去银行取钱，需要用钱的时候就到家里放钱的信封里拿。闺中密友替我着急，劝我把经济大权夺回来。我哪里会听？丈夫没有什么恶习，我才不相信他舍得把钱拿给外人花。朋友问："你不怕他变心吗？""不怕，我每月都有工资，还怕离开他会饿死不成？"于是，我只管花钱，不管理财。好在我是不喜欢上街购物的，也就不存在浪费金钱的问题，但我长期不知道每月的家庭花销是多少也不好。于是，有一段时间，他要求我的钱和他的钱分开花。我们每人一个信封，信封里放相同的钱，看谁先花完。我自然是不反对的，但很快他就发现了弊病：本来我下班回家是要买菜的，自有这样的规定后，我再也不买菜了。而且，我常常到他的信封里取钱，这样我的钱无论如何都是花不完的。如此他只好宣布取消这样的规定，他只为自己的花销记账，我的花销自便。

说到生活情趣，我们俩更不能算是情投意合。看电视他喜欢看战争片和侦探片，而我的爱好广泛，爱看文艺片和音乐片，连续剧也看得津津有味，甚至看《还珠格格》时连午觉都不睡。丈夫生气地说："看看你多大了，以为自己是少女吗？还看这类电视剧！"更让他不能理解的是，我看动画片竟然也能入迷。现在孩子大了自不必说，刚结婚的时候，中央电视台播放儿童剧《神奇山谷》，那时就算有天大的事，我也要把它放到一边先看电视的。每每我为动画片里的故事情节激动，他便像看怪物一样看我。我在心里说，“理他呢！他爱怎么看我就怎么看我罢！”

我们的阅读兴趣也大不一样。我喜欢看文艺类书籍，他却喜欢看新闻评论等。每次我写一篇文章，总希望有人评论。既然不能发表，就求他当我的读者。这时候，他就摆起架子，讨价还价地要求我干这干那，我真恨不能踢他一脚，但为了留住这唯一的读者，我不得不忍气吞声。

他的生活习惯是绝对不能被打乱的，几点起床、几点就寝很准时；我做事却很容易上瘾，常常沉迷在一本书里而废寝忘食。如此便常有他逼迫我睡觉的事情发生。住在“鸳鸯楼”时，有一次，我听得他鼾声已起，便悄悄起床躲到卫生间看书。那时正值酷暑，家里没有空调，卫生间里热得像蒸笼。丈夫半夜醒来，一摸旁边没人，吓坏了。待到看见我坐在卫生间里满身是汗，像从水里捞出来一样，不心疼却大吼：“你不睡觉，在这里干什么？”我惊慌失措地站起来：“我睡不着！只好看书了。”“那也不用到这里来看啊！”他的语气弱下来了。“不是怕影响你休息嘛！”看他似乎有一些感动，我的脸上也有了笑容，感叹：“你找了一个多么善解人意的老婆啊！”

不只看书，我们写文章的风格也不同。我喜欢写散文，他却擅长写论文，无论什么事都要条理清楚地写出一二三来。2016年妇女节前夕，我忽然接到他们单位领导的通知，说我被评上了“好军嫂”。我怀疑是自己听错了，但领导在那头说：“没有错！我们一致推选你。现在‘好军嫂’的标准和以前不一样了，不但要相夫教子、孝敬父母，还要能走得出去，能在自己的单位独当一面。你快点写材料！”天上掉下如此大的“馅饼”，我能不接吗？一晚上洋洋洒洒写下两千多字，拿给丈夫看，自己颇为得意。丈夫却说：“你写的是什么呀！哪里有这样写申报材料的？马上修改去。”但是，我改来改去也改不好，最后声称：“这个‘馅饼’我不要了！宁肯不当‘好军嫂’，也不愿再受这样的折磨。”丈夫一看我动了气，一个小时不到替我把材料准备完毕。

我们的性情不合最主要是表现在专业特长上。音乐是我的专业，丈夫却五音不全。有时候他听我和儿子在家里唱得热闹，忍不住也跟着哼两句。儿子马上停下来说：“爸爸，你要是在舞台上这样唱歌，观众非向你丢垃圾不可。”我便像捡了多大便宜似地笑滚到床上去，丈夫的歌声嘎然而止，脸上带着讪讪的笑。平心而论，这是他最可爱的表情了！

但他的大男子主义却是让我深恶痛绝的。家里大事小事都是他说了算，我是没意见的，但如果我向他请教一个问题，他必摆出高山仰止的样子来。比如，对家用电器我是天生有些惧怕的，他却看见螺丝刀、老虎钳之类眼睛就发光。如果我问他操作的规程，他必会将原理也讲述一番。我哪里听得懂？我只要知道怎么用就行了，哪里还管它为什么能这么用。于是，他便做出“儒子不可教”的表情来。再如，我天生是路盲，出门就迷路。我们常年在郑州北边住，但要到西边办点事，我就不知道该怎么走了。而丈夫的方位感极好，到什么地方坐几路车，没有他不知道的。向他问路，他便拿出一张地图来指指点点：“看清楚了！坐这一趟车，到某某站，下车先向东走，再向南……”我一听就迷瞪：我哪里分得清东南西北？我只会向左转、向右转、向前走、向后转。说烦了，我宣布自己要坐出租车。他更加反对，不是怕花钱，而是他总固执地认为我很笨，又担心出租车司机会把我给拐卖了。记得我身怀六甲时，有一天有要事出门需坐出租车。他当时忙得很，还非要亲自替我叫车。我阻止，他不听，我生气了，他才说：“我是要把出租车的车牌号记下来。万一你被拐卖了，我好去找你啊！”我看着自己早已走型的身材苦笑：“我这样子，谁要啊！”他不理。

至此我终于明白了，他其实是很在乎我的。但是，他为什么就不能好好地表达自己的感情呢？

温馨提示

1. 人要知福惜福，然后才能造福，夫妻间更需要理解、包容和尊重。包容，就是允许对方和自己不一样；尊重，就是允许对方成为他自己，而不是我们希望他成为的那个人。
2. 婚姻的主要基础不是爱情，而是责任。我们以爱情为起点谈恋爱，却要以责任为终点经营婚姻和家庭。

第八章

教子——陪伴胜于管教

“老师，我并不认为做一个事业有成的女人有什么好。”

课堂上，我正在讲如何成为一个事业有成的女人，学生玉霜忽然站起来如此说。

我一愣，问：“你为什么会有这样的看法呢？”

玉霜说：“如果女人事业有成，必然会忽视自己的家庭，忽视自己的孩子。这样的妈妈总归是不好的，对孩子的成长极为不利。”

我还没想好怎么回答，马上有同学反驳：“也并不是所有事业有成的女人都会忽视自己孩子的成长啊！”

玉霜继续说：“我所认识的事业有成的女人都没有足够的精力照顾自己的孩子。”

另一个直性子的女孩子说：“你认识几个事业有成的女人啊？别人一毕业就工作挣钱，这难道不好吗？等孩子三四岁后，做妈妈的会抽出更多时间陪伴孩子，况且别人对自己孩子怎样，也不是你所能操心的……”也许是这个女孩子的嘴皮子功夫太厉害了，直把玉霜抢白得眼泪汪汪。

我急忙制止：“玉霜的担忧不无道理啊！孩子小的时候最需要妈妈的陪伴，可以说，任何人的爱，都代替不了妈妈的爱。”

玉霜的脸色好了一些，不服气地说：“反正她们没有那些平凡的妈妈优秀。”

我说：“有这样两个妈妈。一个妈妈在单位上班时认真负责、积极上进，回到家里，在做家务活之余还会读书学习，不断成长。所以，这个妈妈工作稳定，乐观自信，给孩子提供了更好的教育机会和资源。她对孩子的要求也许不够严格，但她阅读的习惯，以及追求上进、做事认真的品质，潜移默化影响着孩子。另一个妈妈是全职太太，每日带孩子、做家务、看电视、打麻将……她很看重孩子的成绩，对孩子要求非常严格……同学们说，哪个妈妈更称职、更优秀？”

同学们一下子沉默下来，连玉霜也不知道该怎么回答。

良久，有人站起来说：“虽然第一个妈妈陪伴孩子的时间没有第二个妈妈多，但她用积极努力、好学上进的行动为孩子做了榜样，也给孩子打下了经济基础，让孩子有条件接受更好的教育；第二个妈妈虽然一直陪伴着孩子，但她爱好看电视、打麻将，她在言行上并没有给孩子树立好的榜样。”

我说：“是的，爱是一门艺术，是需要潜心学习研究的。如果自己看电视，却对孩子要求很严格，只让孩子学习，只怕孩子会不服气。”

学生纷纷点头：“我妈妈就是这样的，她很重视我的考试成绩，不让我看电视，但是她自己却经常看宫廷剧到深夜，有时连菜也顾不上买。”

“对对，上初中的时候，每当我在写作业，而我妈妈在看电视时，我心里就会很烦乱……”

“我们家总是有人打麻将，吵闹得很……”

我说：“是啊！有的妈妈虽然和孩子在一起，但是心里想的却是电视剧、麻将，或者手机里的游戏，她的心没有和孩子在一起，这其实算不上最好的陪伴。而有的妈妈尽管在单位很忙碌，内心却在为孩子的长远发展考虑，甚至时不时会给孩子写信，这样的关注也值得称道……”

最后大家得出结论：有上进心的妈妈最称职——无论她们是否事业有成，至少她给孩子树立了一个积极向上的榜样。

前几天，我在微信朋友圈里看到一个小学五年级的学生写的一篇作文，题目是《我的妈妈》。

我的妈妈不上班，平时就喜欢打牌和看电视剧，一边看还一边骂，有时候也跟着哭。她什么事情都做不好，做的饭超级难吃，家里乱七八糟的，到处都不干净。

她明明什么都做不好，一天到晚只知道玩儿，还天天叫累，说都是为了我，快把她累死了。和我一起玩的同学，小青的妈妈会开车，她不会；小林的妈妈会陪着小林一起打乒乓球，她不会；小宇的妈妈会画画，她不会；瑶瑶的妈妈做的衣服可好看了，她不会。

我觉得，我的妈妈就是个没用的中年妇女。

看完文章后，我大惊失色：这竟然是一个孩子眼中的妈妈。朋友在文章后面评论说："这个学生的妈妈没有工作，整天在家里闲着，不知道学习，不知道进步，都跟社会脱节了。看来，作为一个女人，你如果不努力，不优秀，连自己的孩子都看不起。"

其实，不仅是没有工作的女人，就算是有工作的女人，有的女人结婚生了孩子后，也慢慢放弃了努力。她们认为，自己的人生已经不错了，丰衣足食，哪里还用得着学习，更用不着奋斗。学习是孩子的事儿，奋斗是男人的事儿。持这样观点的人，必然会与社会脱节，被孩子看轻。

有人说，做了妈妈的女人，便不再是自己了。但不再是自己绝对不等于放弃和丢失自己，而是在照顾孩子、照顾家庭的过程中，不断学习，不断努力，不断地完善自己。当了妈妈的女人，要昂首阔步地走在前面，要走得稳，走得正，走得底气十足，走得充满希望。因为，跟在你后面的，是你的孩子。就算是为了孩子，也别忘了让自己成长。

1. 用书信缩短母子的心理距离

"为了父母，我必须考上重点大学。"

"如果不是为了父母，我早就不读书了。"

"妈妈快把我逼疯了，她整天唠叨。有时候电视里播放我喜欢听的歌曲，我正好路过，忍不住看了一眼，她马上就催促我去写作业……"

…………

现实里，我们常常看见很多妈妈比孩子对学习更上心，而且，越是全职妈妈，她们对孩子的成绩越在意，对孩子造成的压力也越大。反而是比较有思想、事业较成功的家长，会为孩子营造较为宽松的成长环境，孩子学习进步的潜力也更大。

为什么会出现这些现象?

据心理学家武志红说，这是因为全职妈妈将自己焦虑的情绪转嫁给了孩子。妈妈们不上班或者虽然上班但是不思进取后，她们自己的成长便停滞下来，她们对自己能否适应社会产生了巨大的焦虑，但她们没有通过自己的成长去解决问题，而是将希望更多地寄托在孩子身上，结果让孩子承受了双倍的压力。

所以，缓解孩子学习压力，让孩子更加热爱学习，较为有效的方法之一，就是妈妈自身的好学上进、自强自立。或者说，妈妈要让自己成为孩子热爱学习、热爱生活的榜样。

回首往事，我在怀孕七个月的时候，还担任着班主任。并不是我不珍重自己的身体，也不是我不关心自己的孩子。我的孩子还没有出生，我就开始给他写信了。

2000年3月31日　晴

孩子:

转眼间，你在妈妈肚子里已经有七个多月了。闲暇时我总在猜测：你究竟是男孩，还是女孩？你漂亮吗？你聪明吗？

然而，转念一想，无论你是男是女、是否聪明漂亮，爸爸妈妈都爱你。所以，我现在问的这些问题没有意义。

现在，妈妈的肚子很大，行动很不方便，但每天还会给学生上课，因为妈妈很喜欢教师这个职业。我希望你将来也能像妈妈一样，喜欢自己的工作，这样你才能从工作中获得乐趣，并享受到职业幸福。

…………

希望孩子将来从事自己喜欢的工作，并从中获得乐趣，这应该是妈妈送给孩子的最好祝福了。

儿子四岁的时候，我到青海旅游，白天玩耍，晚上就给他写信。

青海游散记

儿子：

这是妈妈专门为你写下的文字。

妈妈身体不好，你年龄又太小，所以我不能现在带你去旅游，只好用自己的眼睛替你看。你可知道“有时候，听景胜于看景”？当你知道了我所描绘的景物，便可以展开丰富的联想，你会在头脑中描绘一幅绝美的画面，这正是我的愿望。当然，关于青海的风土人情，等你识字了，你只要到网络上用鼠标一点，想了解多少就有多少，但那是不带感情的叙述。妈妈所写的，虽然不够完整、确切，却是带上了喜怒哀乐的，是妈妈眼中的青海。另外，我还希望你今后养成善于观察、善于思索的好习惯，这样你就能像妈妈一样，随时把看到的、想到的写下来。

好了，我的孩子，妈妈要开始写散记了，让我们一起走进青藏高原，一起感受青海的风土人情吧。

今天是6月30日，妈妈到了青海。昨天，妈妈坐了一天火车。离开郑州时天气炎热，发烫的空气似乎能把人烤出香味来，妈妈身上的衣服被汗湿了，粘在身上好难受。车上有一位老师说，“如果有鸡蛋，这样的温度能把小鸡孵出来。”但是为了长见识就是应该吃一点苦。我的孩子，你要记住：无论干什么都要付出代价，甘蔗没有两头甜，想要有收获就必须能吃苦，想要安逸就见不到美景。

妈妈在火车上睡中铺，随着火车一路向西，海拔增高，半夜时分，车内终于凉快了些。夜风吹来，瑟瑟的居然有些冷。火车上的被子黑乎乎的，但出门在外，讲究不了那么多，因担心受凉感冒，我只好凑合着盖。一夜几乎未睡，我在想象着，在那交通极不便利的年代，人们远行到青海，需要花多少时间？会发生多少悲喜交加、阴差阳错、转危为安的故事？现在我们在火车上昏昏沉沉、渐行渐远，一觉醒来，目的地已到达，旅途中省却了许多过程，却也错失了多少精彩？这，究竟是好，还是坏？

“行万里路，读万卷书”，这句话强调的就是要重视人生旅途的过程啊！如今随着科技的发展，旅行的过程如缩了水的棉布，越来越短了。如此，总不免让人感觉乏味。孩子，你能听懂妈妈的话吗？

总有一天，你会明白，任何事情，只重结果而忽视过程，都是不值得我们效仿的。

一面享受着现代化交通的便捷，一面带着些许遗憾，我们中午来到了西宁，匆匆吃过午饭，就去了塔尔寺。

塔尔寺是一个寺庙。当年释迦牟尼创立的佛教，几经周转，流传到我国，进入西藏后形成了藏传佛教，流入中原的就是我们平时所说的禅宗、净土宗等。其实，释迦牟尼本是一名太子，等待他的是享受不尽的荣华富贵和王位。但是他看到民众受苦，毅然离开皇宫，开始了普度众生的生活。世界上历代皇帝（君主）有很多，释迦牟尼却只有一个。历代皇帝（君主）生前也许能呼风唤雨，死后便销声匿迹；释迦牟尼虽然没有得到多少物质上的享受，但他对人类的贡献却尽人皆知。关于他的传说有很多。好孩子，等你自己会看书的时候，自己去看吧！感受到佛教的空灵后，你的幸福指数会直线上升呢！

在塔尔寺，藏民们对佛祖非常虔诚，跪拜时五体投地。其实，一个人心中有信仰真是一件幸运的事。当我们相信自己所做的一切都有天父或神灵在关注，我们的一切付出都会有回报（哪怕这回报在来生）时，所有的苦也就不能称之为苦了。妈妈一直认为，许多人干坏事时丧尽天良，就是因为他们没有信仰、无所顾忌。妈妈追求真、善、美，更相信读好书能改变我们的心境、气质，包括我们的命运。所以，好孩子，你一定要养成热爱阅读的习惯。夏日的午后，在树荫下手捧书籍、品一杯清茶的闲情逸致，绝对赛过神仙。这种幸福，绝不是机关算尽、追名逐利之辈所能享受到的。

孩子，你应该庆幸自己生活在中原地带。河南的气候条件好，大米饭和面食既充足又好吃，而青海这边因气温低，一年只收一季庄稼。咱们那儿两个月前油菜籽就成熟了，麦子已收割，玉米也长了半人高，而青海这边的油菜花开得正旺，小麦才刚刚吐穗。让人惋惜的是：青海这边缺乏米面也就罢了，馒头和米饭竟然蒸不熟。可见，我们平常所说的“人生而平等”不太客观。和那些有钱有势人家的孩子相比，你的物质条件没有他们丰厚，但和这些藏民家的孩子相比，你一生下来就比他们幸运，这就是你所背诵的古诗里所说：“他人骑大马，我独跨驴子。回顾担柴汉，心下较些子。”

孩子，在我们国家，还有许多人生活很艰苦。你要好好学习，将来想办法帮助他们，而不要把眼光放在和身边的人比吃、比喝、比穿、比玩上。古人云：“有工夫读书谓之福，有力量济人谓之福，有著述行世谓之福，有聪明浑厚之见谓之福。”我相信，我的孩子绝对不是只知道享受生活的平庸之辈，是吗？

…………

那次旅游六天，我每天都坚持给孩子写信。青海的风土人情、美景传说……我絮絮叨叨，看见什么就写什么——这就是对孩子最好的陪伴啊！

后来，这些书信被收集到《涉江采芙蓉》一书里出版。儿子上小学后，每每有好朋友过生日，他都会送给朋友一本，并且郑重地告诉小朋友，某某页有妈妈写给他的信。

那种自豪，是难以言表的。

现在，儿子长大了，幼年的故事已经淡忘，但每次翻阅我写给他的书信，依然能从中汲取力量。

2006年9月3日　晴

孩子：

你已经上小学了，可是小学生的规矩你还不懂。你不懂每天应该写作业，不懂写了作业要让父母签字，不懂放学后要早点回家，不懂……

昨天，老师在你的作业本上写了一句话：请家长签字！我和你爸爸都很吃惊，因为你刚上学，并不是每天都有作业，如果你不说自己写了作业，我们便不知道需要签字，所以我们被老师批评了。

晚饭后，我拉你坐下问：“你在学校快乐吗？”

“快乐！”

“可是，妈妈今天很不快乐！”

“妈妈怎么了？”

“妈妈今天被你的老师批评了！妈妈好难过，都快要气哭了！”

你的眼圈红了：“妈妈，你怎么了？”

“因为妈妈没有在你的作业本上签字，老师批评妈妈了！孩子，你昨天为什么不说自己有作业呢？其实妈妈好委屈的。”

你把脸放到我的膝盖上，说："妈妈，对不起！"

"你愿意让妈妈挨批评吗？"

"不愿意！"

我抱着你："那你以后写完作业后要告诉妈妈。"

你点头："好的！"

我说："你看，妈妈是大人，犯了错误也会受到老师的批评。你是小孩子，犯了错误被老师、父母批评就更正常了。所以，被批评不算什么，只要以后改正了就好，是不是？"

我多么希望你成为一个心胸开阔、勇于为自己的错误承担责任的男子汉……

在这封信里，我不但记录了自己如何引导孩子认真对待作业，还告诉他：做错事被批评是难免的，关键要改正。当他到了青春期，再看这篇日记，也依然会在犯错后勇于面对，接受批评，并努力改正。有朝一日，我的孩子升级为爸爸，他在教育子女时也会沿用这样的教育方法吧！

培养孩子感恩的心，是我们终身的事业。所以，除了引导孩子正面应对批评并积极改正，有时候我还会半开玩笑半认真地引导孩子孝敬父母。

2007年4月29日

农历三月初三，是我的生日。还在二月底，我就问六岁的儿子铎皓："我生日那天，你打算送妈妈什么礼物？"

铎皓很认真地想了想，说："可是我没有钱呐！买礼物是要花钱的。"

我说："也有不必花钱的礼物，你认真想一想！"——其实我当时的意思是，他到那一天给我一个吻就行了。

三月初三到了，铎皓兴致勃勃地告诉我，他已经准备好了送给我的生日礼物，然后跑到装文具的书柜抽屉边，翻找好长时间，拿出来一个黄白色的、镶着钻的玩具戒指，很郑重地交给我。

我问："这是从哪里来的？"

"我在地上捡到的，漂亮吧！"

我亲了他一下，将戒指戴到手上说："真漂亮！谢谢你！我很喜欢！"

是的，我为孩子的“有心”而欢喜。

铎皓问：“等我过生日的时候，妈妈送我什么礼物？”

我说：“你过生日的时候，妈妈不必送你礼物，你倒应该送礼物给妈妈。”

铎皓瞪着清澈的大眼睛看我，显然不明白我的意思。我说：“你生日那天，妈妈可是受了大罪了，肚子疼得全身冒汗，大呼小叫，你依然不出来。最后还是请医生把妈妈的肚子剖开，你才来到这个世界。你说，你是不是应该送礼物给妈妈？”

铎皓忍不住把小手放到我的肚子上抚摸着，抬头说：“好吧！让我想一想送你什么好。”

今天一进家门，铎皓就扑到我身旁：“妈妈，我已经准备好送你的礼物了！”

他将手一伸，说：“看，我生日那天，就送你这个。”他的手里有两颗圆锥形的、玻璃做成的饰品，估计是从谁家废弃的风铃上扯下来的。圆锥形的玻璃在灯光下熠熠生辉，倒也精致。我问：“哪里来的？”

“我今天看到石榴树下有东西在发光，走近一瞅，是这个东西。我把它擦干净，心想，我过生日的时候，送你这个正合适。这可是钻石啊！很值钱的！”

我抱着孩子，真诚地说：“谢谢你！这真的很值钱。我的儿子，妈妈没有白疼你。”

铎皓很开心地笑，说：“我以后还要留心，看地上有什么好东西，一并捡回来给你。”

我惊得眼睛都圆了，铎皓爸爸在一边笑：“你什么东西都捡回来送她啊，你以为妈妈是收破烂的呢！”我忙打断他的话，说：“妈妈真的很高兴你有这份心。但等着捡别人丢的东西送妈妈，总有些‘守株待兔’的感觉。怎样才能自主些，想送妈妈什么，就能送什么呢？”

铎皓欢呼一声：“我要快点长大，快点挣钱。我想给妈妈买连衣裙，因为妈妈穿连衣裙最漂亮。”

我摇头，逗他说：“但并不是每个人长大后，都有能力买礼物啊！”

铎皓将手一摆，笑着回答：“好好好！我以后努力认字、背《三字经》，行了吧！”——似乎是在哄我开心一般。我不禁暗自叹息：自己的教育痕迹还是太明显了些，惭愧啊！

温馨提示

1. 陶行知曾说，您不可轻视小孩子的情感！他给您一块糖吃，是有汽车大王捐助一万元的慷慨。他做了一个纸鸢飞不上去，是有齐柏林飞船造不成功一样的踌躇。他失手打破了一个泥娃娃，是有一个寡妇死了独生子那么悲哀。他没有打着讨厌的人，便好像是罗斯福讨不着机会带兵去打德国一般的呕气。他受了您盛怒之下的鞭挞，连在梦里也觉得有法国革命模样的恐怖。他写字想得没有得到优，仿佛是候选总统落了选一样的失意。他想让您抱他一会儿而您偏去抱了别的孩子，好比是一个爱人被夺去一般的伤心。孩子的感情是绝对不可以轻视的，伤害到孩子的结果只会使自己的劳动成果付诸东流。当他们犯错误的时候，我们更多的是要倾听，而不是苛责与批评……多么朴素而又深刻的话！像呵护带露水的鲜花一样去呵护孩子幼小的心灵，才是妈妈——甚至我们每一个大人最应该做的事情。
2. 妈妈给孩子写日记或写信，有很多好处：第一，日记、书信记录很正规，能让孩子感觉自己在妈妈心中分量很重，每个孩子都渴望被重视，这种被重视的感情一旦被满足，会激发起他们向上、向善的心；第二，书信中的每一句话都是经过斟酌的，不容易激起孩子的逆反心理，尤其是很多用口头语言表达不出来的文绉绉的关切、问候，在书信中写出来一点也不觉得酸腐；第三，书信中的观点可以让孩子反复琢磨、思索，从而有更多收获。妈妈给孩子写信，是聊天，是关注，是爱，更是引导。

2. 做孩子心灵的守护神

前段时间，我在网上看到一个视频：一个四五岁的小姑娘在背诵乘法口诀，她总是记不住“五五二十五”。妈妈非常认真且严格，一次次给孩子纠正错误，爸爸也在旁边加油助威，并反复强调：“记住！记住！五五二十五……”孩子一边哭一边背，还是记不住（人在情绪不好的时候，做事效率是很低的）。孩子终于大声抗议，说：“太难了！这个五五二十五一点都不简单……”妈妈发火了，让她背诵二十遍“五五二十五”。小姑娘背诵二十遍后，果真记住“五五二十五”了，却怎么也想不起来三乘以五等于几，不禁越发伤心，泪流满面，埋怨着哭：“你总是让我背诵五五二十五，我现在忘记三五等于几了……”

这样的场景看得我心酸：我们的好多孩子，就是这样被父母逼得一步步厌学的。

有的老师可能会说：事情没发生在你身上，要是别人的孩子都会背诵乘法口诀了，而你的孩子背诵不下来，你不着急吗？

问题的关键是：我们着急有用吗？我倒特别希望孩子的成绩在暂时落后的时候，家长能站在孩子的立场上考虑问题，甚至去找老师协商降低对孩子的要求。最少，应该让孩子在受委屈后感觉到，父母跟他是一伙儿的。

我的孩子语言表达能力强，但从小书写习惯不太好。在他上小学三年级的一个时期，老师让各组小组长检查语文作业。那些小组长都是认真负责的小女生，她们对作业的要求比老师还要严格，不允许同学们的作业有一处写错，不允许涂改（钢笔字），一旦写了错别字就要撕掉重新再写。我儿子天生粗枝大叶，他总是写错，于是，作业本总是被撕掉。有时作业写了一大半，有一个字不小心写错了，也要撕掉、重写。我实在看不过去，就在孩子写了错别字后，帮他用小刀把错别字刮掉，再小心补上正确的字。孩子对我佩服得五体投地：“妈妈，你真是聪明啊！”不料这样处理了几次后，被小组长发现了，小组长宣布写错后不能用刀刮。于是，我就用透明胶小心翼翼地帮孩子粘错别字，但粘了几次后，小组长又发现了，宣布写错后不能用透明胶粘，必须撕掉重写。我终于江郎才尽。至此，儿子每次写作业都会因为担心写错而焦虑。他越是焦虑，越容易出错。有一天，儿子在连续撕掉四张作业纸后，哭了。他一边抹眼泪，一边说："妈妈，如果这次我再写错字，你就把我的手砍掉吧！"

我吃惊地问："为什么啊？"

孩子说："因为它总是写错字……"

我紧紧地抱住孩子说："妈妈明天就去找你们语文老师谈这件事。你放心，妈妈绝不会和老师吵架，我只是希望她知道，你们小组长对作业的要求太严格了……"

第二天，我找到儿子的语文老师。寒暄后，我把孩子的话一五一十地复述了出来。老师非常震惊："我真的不知道那些小组长要求这么高。幸亏你来反映情况，否则，我差点害得这么好的孩子厌学啊……"

那天放学后，孩子很高兴地回来告诉我："班主任找小组长开会了，以后她们对作业的要求不会太严格了……"

有的老师看到这里，可能会纳闷：对孩子严格要求不是好事吗？你怎么能这样溺爱孩子呢？

首先，我们的严格要求应该控制在"跳一跳，够得到"的水平上，否则孩子怎么努力都达不到要求，会丧气失望，在多次感受到无助后，会破罐子破摔。其次，对孩子最大的伤害往往不是来自老师的误解与同学的欺负，而是孩子受到外人的伤害后，再被父母责备。

有多少家长在孩子对自己说老师冤枉他了时，上来就是一句："肯定是你做得不对，要不然为啥那么多人，老师单单冤枉你？""别人都能写好，你怎么就写不好？""老师、同学这样严格要求都是为了你好"……从而让孩子瞬间崩溃，以后再也不在父母面前诉说委屈，因为说了反而会得到更多的指责与埋怨。

所以，当孩子真的受委屈后，我建议父母先和孩子成一伙儿，去倾听，去感同身受。这不是溺爱，而是共情、理解、接纳。

除了在学习方面孩子被老师、家长过高地要求，在生活中也常有类似现象：家长在孩子对自己说受人欺负以后，不分青红皂白就把孩子骂一顿，认定都是孩子的错，孩子就是个惹事精。慢慢地，孩子有了痛苦没地方诉说，被欺负了不敢对父母讲，只能默默承受校园暴力而无力反抗，甚至酿成悲剧！

我有一个亲戚的孩子，在十六七岁的时候，一次逛商店，不小心碰碎了商店里的一个花瓶。店主人讹人，非要让他赔偿八十多元钱。因为亲戚对孩子要求非常严格，孩子担心父亲知道了此事会揍他，便喝了“敌敌畏”死在商店门口……一个花季少年就这样离开了人世。

亲戚那个后悔啊……

尽管古人有“教不严，父之过”的说法，但是家是孩子最后的堡垒，如果父母不管什么情况都是一句“肯定都怪你，要不然为啥别人没事”，那么孩子注定会在家里越来越沉默，越来越与父母没有沟通。让孩子感觉到父母永远是他的靠山，有事情时第一时间想到请父母帮助，而非害怕父母知道，去独自承受甚至走上“邪路”，比一定要分出孩子到底是对是错更重要。

如果我的孩子在做作业写错、被罚后，我对他没有感同身受地去理解，而是告诉孩子小组长这样做是为了他好，甚至骂他笨、粗心，孩子该多委屈啊！试想，当他的书写一次次不成功，当他的作业一次次被撕掉，当他每次写作业都充满焦虑、挫败感，甚至想把自己的手砍掉……而我却告诉他，小组长是为了他好，小组长就应该如此严格要求，因为认真书写太重要……虽然我的话句句有理，但是在孩子心里，会产生什么效果？

他除了会自我否定，还会厌学。

所幸，我很理解孩子。我的孩子读小学时成绩位于中等偏下。上了初中后，他的成绩开始突飞猛进，读初中二年级后稳居年级第一名，如今已经升入我们当地最好的高中。

温馨提示

有的家长看了这篇文章，可能会说："为了避免孩子精神分裂，为了让孩子热爱学习，以后当孩子对老师、对社会等有了不满时，我一定站在孩子的立场上，和孩子一起埋怨老师，反抗老师……"这种观点显然也是错误的。我们对孩子的烦恼、痛苦感同身受，一起面对，却不是要我们是非不分地支持孩子。家长尤其不能在孩子面前说老师的坏话。须知：亲其师，才能信其道。很多孩子的成绩下滑，都是从鄙视老师开始的。我们理解孩子，接纳孩子的感受，却不能说"你是对的，老师是错的"。我们要接纳的仅仅是孩子的感受而已，接纳是一个中性词，既没有喜欢、厌恶等情感内容，也没有欣赏、仇恨等态度差别，我们的态度是中立的。父母只有在接纳的基础上，才能给孩子安慰，同时和老师做有效的沟通。

3. 身教是最好的家教

所有与我打过交道但不了解我的过去的人，都会感叹我的脸上写满幸福，我为人单纯、心态阳光，似乎没有经历过任何挫折或磨难。其实，谁家秋窗无风入？我经历的挫折可能是很多人难以想象的。

我的孩子自小身体健康，基本是放养长大的。他没有参加过什么课外辅导班，只是在上小学前，在我的教导下背诵《三字经》。上小学二年级的时候，他识字尚不多，我就开始和他一起阅读《窗边的小豆豆》等书籍并讨论交流，接着是母子共读《爱的教育》。随着他识字量的增大，我将杨红樱、郑渊洁、沈石溪等人的全套书全部买了回来，让他自己读。应该说，孩子上小学时拥有的图书数量在他们班级里是比较多的。孩子上小学四年级的时候，我给他买了金庸的《笑傲江湖》，因为我是金庸迷，金庸的书他迟早会阅读。与其等他读初中、高中时迷恋金庸，不如让他在小学阶段学业任务不太重的时候就开始阅读。我在送书给他的时候说："在金庸所有作品的男主角里，妈妈最喜欢令狐冲。妈妈希望你将来成为像令狐冲一样坚强、乐观、豁达、开朗的男子汉……”从此，孩子成了彻底的金庸迷，小学四年级时便将金庸的所有小说都读完了。同时，我们母子还共读背诵《论语》、部分唐诗宋词，以及《道德经》前二十五章……小学四年级的时候，他遇到了一个叫范广志的男教师，范老师和我一样不在意学生的成绩，他从不布置教材上的作业，却每天都让孩子们阅读原版《三国演义》并写读书笔记。这让孩子的文言文功底非常深厚，对文言文特别有感觉。同样是五百字的文言文和白话文，他背诵文言文比背诵白话文的速度还快。

孩子在小学低年级时成绩一直不好，我和他爸爸不太介意，他自己就更加不介意了。有一次期末放假前一天他到学校拿成绩单，晚上回到家，我问：“你的成绩单呢？”

他到处找，最后很无辜地告诉我：“弄丢了。”

我继续问：“你考了多少分？”

他一脸懵懂：“忘了。”

我和他爸爸相视一笑。直到现在我和他爸爸还时不时拿这件事打趣他：“你专门到学校拿成绩单，却弄丢了成绩单，还忘记考了多少分……”

虽然那时孩子的成绩用世俗的眼光看不算优秀，但如果我们的生活一直那样下去该多好啊！

然而，世界上总有那么多的“然而”……

2011年8月底，孩子刚读小学五年级的时候，因患感冒，似有鼻炎、支气管炎的症状，我带他到医院检查，发现他的血小板只有六万（正常值应在十万以上），医生很紧张，要求做系统检查。排除了其他更严重的疾病后，孩子被医生断定为血小板减少。

从此，我们登上了漫漫求医路。一家三口走南闯北、遍访名医，尝试过中医西医各种疗法，都无效。尤其是在用过激素后，孩子的血小板数值不升反降……整整三年时间，孩子每天都要喝两大碗很苦的中药，这只怕是很多成年人都难以忍受的啊！

其中心酸，一言难尽……

所以，我的孩子读小学五、六年级时基本没有在学校好好上课。如果说小学四年级之前他的各科成绩在班里属于中等（他们学校不排名次），那么小学毕业的时候，他的考试成绩估计都是倒数了。孩子生病住院的日子里，为了排遣他的寂寞，我给他买了很多书。读了《明朝那些事儿》《康熙大帝》《雍正皇帝》等书籍后，他对历史产生了浓厚的兴趣；读了《平凡的世界》《人生》后，他马上成了路遥迷；读了《亮剑》《我的兄弟叫顺溜儿》等描绘战争的书，他又成了军事迷。

在这样的阅读中，我和孩子常常共写读后感。比如，我们在阅读《红楼梦》时，孩子曾写了下面这样的文章。

薛蟠是个好“哥们儿”

河南省实验中学　赵铎皓

在《红楼梦》里，薛蟠外号“呆霸王”，是贾政、贾母、王夫人等心目中的“问题学生”，也是宝玉、黛玉、探春等“学霸”级同学心目中的“大差生”，更是教师读者（比如我的妈妈）心目中的“二混子”“富二代”。但是，在我眼里，他是一个好哥们儿，他比很多同学都真实、可爱、讲义气。

我承认，薛蟠的文化课成绩极差，甚至能把“唐寅”读成“黄庚”。但是，他的心理承受能力很强，在大家因为他读错字而哄笑他的时候，他只笑说：“谁知他是‘糖银’，是‘果银’的！”他一点都不生气，不像有的成绩好但很敏感的学生，会因为别人的一句玩笑话而恼羞成怒，甚至要死要活要跳楼。老师们都只看见了薛蟠的文化课成绩不好，而没看到他的抗挫折能力强。这是我很遗憾的。

生活中，有的同学看似品学兼优、聪明伶俐，但他们的心不善良。薛蟠就有这样的同学，我不懂他们为什么要故意出薛蟠的丑。比如，第二十八回，冯紫英请宝玉、薛蟠、蒋玉菡等人喝酒取乐，玩耍的“规矩”，即“如今要说悲、愁、喜、乐四字，却要说出女儿来，还要注明这四字原故。说完了，饮门杯。酒面要唱一个新鲜时样曲子，酒底要席上生风一样东西，或古诗，旧对，《四书》《五经》，以及成语……”大家明明知道薛蟠是不会写诗的，还出这样的游戏规则。我就觉得这是同学们在故意“哪壶不开提哪壶”，因为他们都有一种要看薛蟠出丑的恶意期待。果然，薛蟠未等说完，先站起来拦道:“我不来，别算我，这竟是捉弄我呢！”——人家薛蟠一点也不呆啊。

但是，薛蟠又是那样珍惜和同学们在一起的快乐时光，所以他就算不乐意，也甘愿当作“活宝”“小丑”奉陪到底——他对文化课成绩好的同学是极为敬重的。

对此景象，我的老师妈妈，您不觉得薛蟠值得心疼吗?

从小学到高中，我见过很多这样的同学：他们也许学习成绩不如人意，甚至常常违反纪律，但是心胸宽广，比如，在同学聚会时明明知道别人是在拿自己取笑，但还是很配合地去活跃聚会的气氛，他们不介意别人的恶意期待。这样善良、宽容和愿意为身边人带来欢乐的品格，应该不亚于考试拿高分吧!

我愿意将薛蟠当作哥们儿的另一个原因，是薛蟠的孝顺，以及他对家人的情谊。他在过生日的时候，得了四样难得的食品，赶着就去孝敬母亲、老太太和姨太太。这事要是换做优秀学生贾宝玉，有了好吃的，肯定是留着给林妹妹、袭人或晴雯了，哪里能想起来孝敬老人啊！我们在课堂上总是说“百善孝为先”，说要孝敬长辈。可是，大家都只盯着薛蟠的文化课成绩，盯着他的胡闹，没有人表扬他的孝敬。

薛蟠这样的同学，向来是最不拘小节讲义气的。他曾误将柳湘莲当作风月弟子，导致被柳湘莲打得“衣衫零碎，面目肿破，没头没脸，遍身内外滚得似个泥猪一般”。但是他后来也没有找人去报复柳湘莲。后因柳湘莲救了自己，两个人竟戏剧般地成了好兄弟。在柳湘莲出家之后，整个《红楼梦》里最难过的人，竟不是宝玉，而是薛蟠。可见，他是多么重情义。

其实，学校里像薛蟠这样的学生很多，他们的文化课成绩不好，甚至有时候会闯祸，但是他们品性不坏。我愿意把薛蟠当作好哥们儿。

孩子的文章写得不错，但是有些观点显然是错误的，所以，我针对他的文章，也写了一篇。

薛蟠是个有很大毛病的好孩子

李　迪

孩子，妈妈非常高兴你有自己的思想，没有人云亦云说薛蟠是个坏学生，没有因为自己的文化课成绩好而轻看后进生。我想，这主要是因为从小学到高中，你身边一直有部分学生就像薛蟠一样，呆萌呆萌地闯着祸、犯着错、考着低分、讲着义气、成长着。

我认真思索一番，感觉薛蟠确实是一个好孩子，不过他是一个被惯坏了的、有很大毛病的好孩子。

当你谈到薛蟠的为人时，忽略了他最大的毛病——无法无天，没有规则意识。只要是他自己喜欢的，就必须据为己有。如果金钱买不到，就强抢——比如对香菱。他打死冯公子，抢走香菱，自己却像没事人一样去贾府走亲戚，哪里管香菱的感受和冯家人的死活？从这个层面讲，你觉得他还是个好哥们儿吗？对冯公子而言，他是个好哥们儿吗？

有钱，又没有规则意识的学生，是最为可怕的。他们认为金钱可以摆平一切。目前好多富二代、富三代都持这样的观点。他们无视法律、漠视规则，一旦闯祸，就拿钱去摆平。不仅仅像薛蟠这样文化课成绩差的学生是这样的，连薛宝钗这样的“学霸”也是这样的。

这才是我们社会上最可怕的现象。

宝钗的学习成绩是一流的，她深受王夫人、贾母等人的好评，在史湘云、探春等同学中人缘也很好，年年都是“三好学生”。但是，她的价值观和薛蟠如出一辙，她同样认为金钱能摆平一切。比如金钏儿跳井后，王夫人很内疚，宝钗叹道：“姨娘也不必念念于兹，十分过不去，不过多赏他几两银子发送他，也就尽主仆之情了……”所以，宝钗也是一个价值观有很大问题的学生。

薛蟠的问题根源首先来自家庭教育。他幼年丧父，是在单亲家庭长大的孩子。父亲的缺失，导致他没有学习的榜样。母亲集“温良谦恭让”于一身，对薛蟠过于溺爱。薛蟠闯祸后，她没有教导惩罚，只会拿钱解决问题，或者请贾府帮忙。所以，薛蟠才有了“钱能摆平一切”的观点。

现实生活里，多少孩子是受害于这样的家庭教育？

根据弗洛姆《爱的教育》所说，我们每个人的健康成长，都需要有父性之爱和母性之爱的和谐滋润。母爱是无条件的，如大地，温厚、宽容：“我爱你，因为你是我的孩子。无论你多么丑、多么笨，我都依然爱你。”父爱是有条件的爱，特点是严厉、刚硬：“我爱你，是因为你像我，因为你达到了我的要求。如果你达不到这个要求，对不起，我是要惩罚你的……”

母爱看似伟大，但是其无条件性会导致孩子不用争取就能获得，不利于孩子严格要求自己，不利于进步。而父爱看似功利，其严格要求才是孩子进步的最大动力。我们常常在一个母亲身上看到父爱的影子——比如孩子不听话时，母亲也会打；我们也常常在一个父亲身上看到母爱的影子——比如无论孩子闯了多大的祸，父亲都愿意陪伴孩子一起面对。在这样父爱母爱的和谐滋润下，孩子才会茁壮成长。

薛蟠问题的根源就在于父爱的缺失，没有人对他提出严格的要求。

现实生活里，像薛蟠这样有钱却缺失父爱的孩子很多。有的孩子并非来自单亲家庭，但是父亲常年忙于生意、工作，对孩子的成长不闻不问，也可能导致孩子缺乏父爱，导致其价值观不正确。

在现实教学中，我也早就认识到：成绩好并非一好百好。比如宝钗，在柳湘莲出家后，薛蟠难受，宝钗却觉得大可不必，她认为薛蟠快去给贾府上上下下送礼物才是正事……我同意你的观点："学霸"宝钗远远没有"问题学生"薛蟠重情义。

在这里，我也要提醒你和你的同学：一个优秀教师面对学生时，父性之爱和母性之爱当同时存在。老师对学生的严格要求，就是父性之爱的体现，还望你们能够理解哦！

孩子上初中后，他的血小板数值依然很低，但是没有什么不适症状，每天精神抖擞、活蹦乱跳的，他的身体似乎已经适应了血小板数值低的状况，因此我们决定让他正常上学。这时孩子的成绩却开始突飞猛进，在初中一年级第一次月考中便考了班级第八名，我大吃一惊，以为他是超常发挥。岂料他后来在学习上节节进步，生活中更是乐观坚强。难道是住院时大量的阅读起了作用？

且看我当时为他写的日记。

2013年6月11日　晴

今天早上，孩子又流鼻血了。那一瞬间，我只觉天昏地暗、头晕目眩，不禁深深叹息：任何压力都比不过来自孩子健康方面的压力啊！

将红尘看破了，不过是浮云；将生死看破了，不过是无常。我的生死不算什么，关键是孩子要健康，要快乐。

我多么希望孩子能健康快乐地成长啊！

一个十二岁的男孩子，他已经有了自己的思想，有了不容成年人忽视的能力。上周他还在自己学校上政治公开课，所有初中一年级的政治老师都去听课、评课，据说有的老师在课后感叹："学生如此表现，我感觉自己的师范是白读了。"尽管他每天喝中药，却从未失去自信、乐观、责任心。他一直担任着班级纪律委员的职务，他保管着教室的钥匙，每天第一个到教室开门；他是那样热心又健谈，在数学兴趣小组里为同学们出题、讲解；他的记忆力是那样强，一篇古文不用十分钟就能背个滚瓜烂熟；他是那样痴迷阅读，饭桌前、沙发上、床头、厕所里……都有他阅读的身影。纸质文字对他的吸引力是那样大，大部头的小说、每一期的《读者》《青年文摘》等，他能看过一遍又一遍，且总是看得津津有味、不知疲倦。他爸爸担心他这样读书对眼睛不好，禁止他在上厕所时读小说、杂志。那一天，他要上厕所，实在没东西可看，就拿着冰箱说明书说："爸爸妈妈，我看说明书应该可以吧。"

这么可爱的孩子，为什么会生病呢？苍天究竟要让我怎样做，才能让这坚强可爱的孩子早日康复？

红尘看破了，并非消极厌世，仅仅是将名利放下，去为自己寻找出路。我相信孩子会好起来。擦干眼泪，我将继续积极学习、努力工作。

在我和儿子之间，很难说谁是谁的榜样，很难说谁是谁的精神支柱。

有了挫折，人生，何其精彩！

有了磨难，人生，又何其无奈！

2014年1月29日　晴

孩子端起一碗浓浓的、黑黑的中药，咕嘟咕嘟喝下去，末了用餐巾纸擦擦嘴，然后背起背包，跟着他爸爸走出了家门（他今天又要到杭州拿药了，要在火车上睡十几个小时）。这满身的潇洒豪气，让我不禁从内心深处赞叹：孩子，妈妈为你的坚强乐观而自豪！

短短五天时间，孩子经受了两次打击。第一次打击是期末考试，他满以为自己能进入班级前三名，考试结束后我问他考试情况，他说："我若说实话，你们必定认为我狂妄……"却不料试卷发下来，他的数学因失误失去15分，孩子的总分数一下子落到了班级第七名。前天我去开家长会，和一个温和端庄的女人坐在一起。当她得知我是铎皓的妈妈，惊喜地说："我女儿和你儿子是同桌。你儿子可优秀了，自从他和我女儿同桌，我女儿的学习成绩便稳步前进。原先她在班里占三十多名呢，这次她在班里排名第四……"

这些事我当然知道。孩子每天晚上让他爸爸辅导数学，然后第二天再现学现卖给同桌讲解——所以他的同桌很佩服他。

孩子所做的这一切，我是全力支持的。我希望儿子和同学之间有良性的竞争，更希望儿子心胸开阔。儿子在给别人讲题的时候，不仅仅是温故而知新，还可以让他的思维更加有条理。只是当时听儿子同桌的妈妈说起这些，我的表情难免苦涩……

回家谈起此事，儿子自嘲地笑："妈妈你看，我把同桌的成绩辅导上去了，我自己却落下来了。"

孩子考试成绩不理想，仅仅郁闷了一个中午，晚上回家后就又说又唱的。我很欣慰他有这样的心态。

孩子所受的第二次打击，是昨天上午我们去医院检查他的血小板数值。他喝了这么长时间的中药，结果血小板数值不升反降。我们一家人的心情瞬间低落到了冰点。孩子却劝慰我们："血小板的主要作用是凝血，现在我身体的凝血功能也不错，血小板数值低点怕什么。"

事实确实如此。很多人的血小板数值低至三万，就昏迷不醒，必须住院治疗。但儿子的还不到两万，却依然精神抖擞。我们不相信这个化验结果，下午到郑州市人民医院检查，血小板竟然比上午化验的还低，才刚刚一万。孩子爸爸的脸色一下子变得更难看。难为我豁达的儿子，依然一副不信邪的样子，一路上又说又笑，晚饭后还跳绳、散步、背诵"天将降大任于斯人也……"

对于生病，作家史铁生说过一段极富哲理的话："生病的经验是一步步懂得满足。发烧了，才知道不发烧的日子是多么的清爽；咳嗽了，才体会不咳嗽的嗓子多么安祥……"是的，经历过疾病折磨的人才会醒悟：自己没生病之时是何等幸福！那一刻才明白，其实人对很多东西都是奢求，能降生在这个世界上，就是上苍给予我们最大的恩赐了。

我相信自己的孩子经历了这样一场病，定然更加热爱生活；我更相信孩子有这样的心态和胸怀，将来必能成就大事业。不就是血小板减少吗？我相信孩子一定能痊愈的。因为他善良——无论学习压力多么大，他都会不遗余力地为同学排忧解难。他因善良而幸福，心中常有欣慰、愉悦之感。而且，心存善良，就会光明磊落，心中就常有轻松之感。这种心理状态能把血液的流量和神经细胞的兴奋度调至最佳状态，从而提高机体的抗病能力。除此之外，儿子还很乐观。乐观是一种积极向上的性格和心境，它可以激发人的活力和潜力，解决矛盾，逾越困难。而我最欣赏的，是儿子对名利的淡泊。他小小年纪，好学上进却不过分看重考试的名次。他会为同学的进步真心高兴，这只怕是很多成年人都做不到的。儿子这种淡泊名利的心态，能使他始终处于平和的状态，保持一颗平常心，将一切有损身心健康的因素击退。

因此，我有十足的把握，儿子一定会越来越健康，越来越优秀，越来越快乐。

走过了漫漫求医路，吃过了各种各样的中药，我越来越相信依靠自身适度锻炼，以及食疗能治愈疾病。从昨天开始，我除了为孩子亲手制作花样面点，又开始炖“五红汤”，将红豆、红枣、花生、枸杞、红糖放在砂锅里熬一个小时，香香甜甜、营养美味的“五红汤”就做好了。我相信，孩子坚持喝一段时间的“五红汤”，他的血小板数值肯定会升高的。

我坚信！

在我们尝试了各种治疗办法，孩子的血小板数值依然没有升高后，孩子干脆不再吃药，并照常上体育课。从初中二年级开始，儿子的考试成绩一直稳居年级第一名。后来，他顺利升入我们当地最好的高中——河南省实验中学。现在他们班里的学生多为河南省各地市的状元，都是学霸。孩子刚上高中时并不用功，第一次月考，考了中等偏下的成绩。我们什么也没说，他自己却开始用功，如今考试名次又一次稳步向前，已经进入班级前十名……

儿子已经从优秀书籍、重重磨难中汲取了各种营养，我相信未来的他一定会更优秀。

温馨提示

1．孩子其实很在乎父母的情绪，对父母的心理变化非常敏感，他们很容易围绕着父母的情绪转，而父母也会有意无意地利用自己的情绪，用转嫁压力的方式去控制孩子，让孩子按照自己设计的路线去发展。这样的父母即使如愿以偿了，也会引发孩子一系列的心理问题：比如加大了孩子的学习压力，令孩子形成外在评价系统，不能做自己情绪的主人等。

2．家长若要改善亲子关系，需要做到：给孩子空间；自我成长。因为如果父母自己也在成长，就不会对能否适应社会产生恐惧和过分焦虑，也就没有时间和精力动辄干涉孩子的成长。

第九章

敬老——精神孝顺高于物质孝顺

虽然母亲在我家住，但因近期我特别忙，回家后往往只是跟她打声招呼，然后便钻进书房在电脑上填写全国教师信息。参加工作20年来，教过的课、获得的奖项、发表的文章（哪一年哪种刊物发表在哪一期）……我的天，我发表的文章有好几百篇了，辅导奖也有四五十个，填写下来真是个大工程……我发现：填表是世界上最无聊的事情。但是身为在职教师，我又不能不填、不能乱填，听说以后评职称、调动工作、办退休手续都要用到呢！

母亲看我这么忙，很心疼。饭做好了，她在书房外转来转去，喊我吃饭。母亲喊第一次时，我说"等一会儿"。她喊第二次时，我还是说"等一会儿"。第三次，母亲把粥直接端进了书房，站在我身边说："不吃饭怎么行？你就着我的手喝几口……"我一抬头、一转身，正好碰到饭碗上，稀饭"哗——"一下，衣服上电脑上全是。

电脑直接死机了……

我要崩溃了！

但是母亲不懂，她只担心我是否被烫伤——其实粥已经不烫了——慌忙去擦我身上的稀饭，我却忍不住咆哮："我这么大的人，还会饿死不成？你能不能不要给我添乱……"

母亲像闯了祸一般手足无措。我一时后悔，心中越发郁闷，脑海里似有千万个声音在呼喊"百善孝为先"。但是，作为一个上有老、下有小、外有工作、内有家务的女教师，如何才能做到"孝"呢？

这似乎是个很大的课题。

孔子曰："今之孝者，是谓能养。至于犬马，皆能有养。不敬，何以别乎？"意为如果对父母不存尊敬之心，而只是给他们钱财，让他们衣食无忧，简单地养活他们，那还算不得孝，因为犬马之属都能得到饲养，如子女无孝心，养活父母也如同养活犬马一样了。

所以，今天我们所谈到的"孝"，不是简单地给父母财物，不是过年过节回到家里吃饭睡觉（因为有的人即使回家也是玩手机、看电脑，或者参加朋友聚会，这对父母来讲，并不是陪伴），也不仅仅是把父母接到自己家里好吃好喝地伺候他们，而是真正地陪伴和关心他们，因为精神孝顺高于物质孝顺。

1．如何理解精神孝顺

怎么做到精神孝顺呢？

根据鞠强教授所说，精神孝顺分为五个类别：夸奖孝、聆听孝、接受孝、陪伴孝、依赖孝。

第一是夸奖。

父母一辈子为子女操劳，随着身体的衰老，最容易不由自主叹息："老了！不中用了。"他们有着深深的无价值感，甚至是废弃感。所以，我们要经常夸奖老人。

比如，我母亲一辈子在农村生活，如今总是回忆过去，说她年轻时村里若是有人吵架，就会让她去评理。母亲总是很自豪地说："其实我根本不是村里的干部啊！但是乡亲们都认为我很会讲道理，很会分析，就请我去……"这时，我会很夸张地说："妈妈，您的口才真好！您的逻辑思维是天生的好！您很明白道理该怎么讲。很多人都说我的口才好，演讲能力强，能把学生说得心服口服。其实我知道，我比起您差远了……"

如此，母亲便非常高兴。

老人因为无价值感和废弃感严重，特别喜欢回忆青壮年时期的往事。当他们在吹嘘的时候，我们千万不要去揭穿，而应该顺着他们的话去肯定他们，甚至应该为了让他们高兴而夸大其词。他们说一，我们要夸大到二甚至三。不过，因为受传统文化的影响，中国的很多夫妻在一起时总喜欢彼此打击。婆婆说她年轻时多么能干，公公马上回复："你就吹牛吧！"当然，公公吹牛的时候，婆婆也会故意打击，其实这是完全没有必要的。老人年事已高，偶尔吹吹牛也就是为了寻找存在感吧！我们孝敬他们，就要让他们觉得自己很有用。可以让他们适当干一些家务，但是不能干太多。比如，母亲善于包饺子，包的饺子皮薄馅儿多、模样周正，我就常常和母亲在一起比赛包饺子，在限定的时间内看谁包的多。最后往往是我落后，而且我包的饺子很明显不如妈妈包的饺子好看。这时候，我们一家人都会夸赞妈妈心灵手巧。

在这一方面，我大哥做得非常好。他总是在出差回家那天告诉母亲："妈，我特别想喝您做的炒米汤，今天晚上咱就喝炒米汤……不要让别人动手，他们做不出您做的味道……"母亲就会非常开心。

第二是聆听。老人在回忆往事的时候，我们一定要坐下来认真倾听。有的事情，老人说了又说，我们都快要背下来了。但是，即便如此，他们说话的时候，我们还是要耐着性子听他们说完。老人说什么是次要的，重要的是我们在听他们说话，这就够了。

第三是接受。我们要接纳老人的一些观念。这些观念也许早就落伍了，甚至是错误的。但是，如果我们真的孝顺老人，就不要居高临下去批驳。将心比心，总有一天，我们也会衰老，我们接受新事物的能力也会下降，如果孩子对我们总是否定，我们也会难受。

比如，我们父母一辈基本都经历过三年自然灾害，因曾经忍饥挨饿，他们在内心深处有非常严重的物资匮乏感，特别节俭，喜欢存钱，以备后患。所以，我们一定要让父母手里有存款。有的人说，他们不缺少日常开销的钱就行了，存那么多钱干什么？其实仅有日常开销的钱远远不够。比如我的母亲养成了存钱的习惯，而且我深知她存钱的比例大约是五分之一。就是说，如果我给她一百元钱，她会存二十元，剩下的八十元花起来多少有点紧张。所以，如果想让她花一百元，我最少要给她一百二十元。我在听鞠强教授的讲座时，他也说到，为了让自己的老岳母舍得花钱，有一次他用铜打造了一根"金条"，托人转交给岳母，说："这是你女婿做生意挣来的，送给你的‘金条’，你可要放好。”岳母肯定是不会去鉴定真假的，她拿到铜做的“金条”后，便感觉财大气粗，舍得坐出租车了，也舍得买漂亮衣服了……

第四是陪伴。老年人其实和孩子一样，是需要陪伴的。有的人逢年过节回老家，却在玩手机、看电视、走亲访友……身在心不在，其实对老人不算是真正的陪伴。真正的陪伴，就是身心都和老人在一起，并做他们喜欢做的事情。去年有一个时期，我总是在做家务、散步的时候听傅佩荣教授的讲座。傅佩荣老师曾说，他的母亲瘫痪后，唯一的爱好是打麻将。傅佩荣老师虽然很忙，但每次回家都陪母亲打麻将。所以，他的母亲总是说他最孝顺。其实其他子女给母亲的钱很多，但是，母亲就认为傅佩荣最孝顺，因为他是在真心陪伴。

第五是依赖。我们要让老人感觉到自己对他们有深深的依赖感。比如，在母亲将粥泼在键盘上而导致电脑死机之后，我每天回到家里，总是先去厨房看看母亲熬的是什么稀饭，准备的是什么菜，然后说：“好香好香！我自己总是熬不成这个样子。谢谢妈妈！您的手艺还是那么棒啊！现在我要去做点事情，您不要打扰我啊！幸亏您在家，否则我没时间做饭，都不知道该怎么办了。”这样，母亲做完饭后就会安安静静地坐在客厅里看电视，不会再一会儿敲门，一会儿送稀饭了。

温馨提示

1. 对老人落伍的、不正确的观点，我们没必要去纠正或改变，有时撒一个善意的谎也无妨，只要对别人不造成伤害即可。
2. 可以适当地给老人找一些小学生的数学题做，避免他们得老年性痴呆。

2. 如何缓解婆媳矛盾

在中国，婆媳之间是很难和谐相处的。而且，在婆媳矛盾中，有时是婆婆作为主动方在进攻。其中深层缘由，可参考弗洛伊德的潜意识理论。简言之：婆婆年轻的时候，到一个新的环境，婆婆的婆婆在潜意识中感觉婆婆的到来，是在抢夺儿子对她的爱，而婆婆的丈夫——我们的公公特别孝顺，他们母子情深，婆婆年轻时难免有被冷落的感觉（回忆上文我结婚两个月后，参加小姑子的婚礼，因阻止亲戚们在婚宴上胡闹，被婆家所有人孤立的情景即知：新媳妇在婆婆家随时有被孤立、冷落的可能）。等到婆婆的儿子——我们的丈夫出生后，婆婆就将所有注意力都集中在儿子身上，儿子的恋母情结也让婆婆感觉舒心。但是，随着儿子的成长，娶了妻子——就是我们诸位女教师，婆婆便会对我们横挑鼻子竖挑眼，在理智上，她也希望儿子婚姻幸福，但在潜意识里，她认为媳妇是在抢夺儿子对她的爱。

所以，婆婆对儿媳的敌意来自于潜意识，是连她们自己都难以控制的。如果诸位做妻子的女教师在被婆家冷落孤立后，将所有情感都投入到自己的儿子身上，儿子的恋母情结必然会很严重，于是等到他有了女朋友，我们必定会认为那个年轻女孩子是在抢夺儿子对我们的爱……

家庭矛盾的悲剧就是这样循环重复的。怎样打破这种循环？其实，化解婆媳矛盾的关键人物是我们的丈夫。第一，我们要让丈夫认识到，在家庭里夫妻关系永远是第一位的，他无论如何孝顺，也不可将母亲的话当作圣旨。

第二，很多男人在母亲来到自己家后，生活自理能力立即退化到婴儿状态。母亲固然舍不得让他做任何家务活，他自己也就真把自己当成婴儿，成了甩手掌柜。这时，我们必须让丈夫明白，家需要由夫妻两人共同支撑，丈夫不付出精力经营家庭，只会让妻子感觉格外委屈，久之，必然影响夫妻感情。

第三，我们可以运用心理学中的“栽花效应”，鼓励动员婆婆去了解别人家的婆媳关系。婆婆在谈论别人家的事情时，往往会比较理智，会说得头头是道。久而久之，这也就提醒了婆婆应该怎样处理自己的家事。

第四，作为儿媳的我们，要成全婆婆成为一个善良明智的人。曾子以孝顺著称，曾子的父亲年迈的时候，眼睛瞎了，曾子每天都让他吃肉、喝酒。

每次父亲吃完，都会问曾子：“还有剩余吗？”曾子回答：“还有剩余。您说剩下的酒肉该给谁呢？”曾子的父亲听了就很高兴。因为人心向善，我们每个人都有良知，都渴望自己是个善良的人。曾子在成全父亲做一个善良的人。所以，真正的孝顺，并不是只让老人吃好、穿暖就行，更不是在老人做了糊涂事后，还听从老人的话，跟老人一起讹人，而要像曾子一样，引导老人做善事……须知，人先自重，然后别人才会尊重你。

有一个时期，婆婆和家族里一个老人的关系恶化。我们回到老家，婆婆不愿意我们去看望那个老人。但是，我每次都会偷偷买了礼品去，并对老人说，婆婆其实认为他为人正直等等。这样，那个老人再见到婆婆，脸色就会好很多，久而久之，他们的关系逐渐变得和谐了。

第五，不要只给老人钱，而应该时不时给老人买一些衣服或零食。每次，婆婆在拿到我给她买的新衣服时，都会说：“啊呀！我的衣服这么多，根本就穿不了啊！你何必这么浪费……”但是，一转身，她就会穿着我给她买的新衣服喜滋滋地让村里其他老人看，并用大嗓门说：“这是我儿媳妇给我买的……”婆婆需要的，不仅仅是我们那份心意，更多的，是老姐妹们的羡慕。我们成全她这种心理，便是对她的孝。

温馨提示

1. 当丈夫有愚孝行为发生时，妻子要先思考问题的症结所在，不要急着指责他。然后找合适的时机，用丈夫能接受的方式和他沟通。我们一定要知道，夹在母亲和妻子中间，丈夫是相当痛苦的，我们要做的不是点评、指责，而是帮助他完成负能量的穿越。
2. 妻子要承认丈夫的孝是对的，同时要认可丈夫对原生家庭的付出，认可丈夫的负责行为。

3. 老吾老以及人之老

2014年9月9日，郑州市公交车上一个年轻人因为没有给老人让座，老人动手打了年轻人四巴掌。年轻人没有还手，只是提前下了车。老人却在打人后突发心脏病死亡……

有人对此百思不得其解：“那个老人明明打了别人，怎么自己反倒被气死了呢？”

这就涉及道德自信。

在一般情况下，自信是好事。教师总是劝学生要自信、自立、自重、自爱等。但是，有一种自信我们必须警惕——道德自信。因为一个人若在道德上过于自信，极容易陷入迷狂，他会认为自己手握绝对真理，然后无所不为，这个无所不为自然也包含了无恶不作。

故而毕飞宇说：“作恶和道德上的绝对自信永远是一对血亲兄弟……”

上文提到的那个老人——打了别人，自己还被活活气死，原因就是他认为自己掌握了绝对的真理——年轻人必须给老人让座。

我就遇到过这样的事。一天，我和朋友坐公交车，当时朋友已经怀孕五个月，穿着宽松的衣服孕相并不明显。有个老人精神蛮好的，上车后来到我身边，朋友犹豫了不足一分钟，最终还是站起来给老人让了座。老人不说谢谢，却骂骂咧咧：“真不是一个爽快人，让个座位还磨磨蹭蹭的，没看见老人都站在你身边半天了，现在的年轻人就是没一点素质……”这个老人实在是太自以为是了。其实，朋友可能比他更需要座位呢！他怎么就那么肯定，是别人没素质？

这种道德自信会导致一个人自以为是，做了坏事还不自知，对自己、对别人、对整个社会都是不好的。

除了这些案例，我们还看见有的老人在菜市场为了一点小事而对年轻人骂骂咧咧……这些老人也是认定了“年轻人必须尊重老人”这个绝对真理，他们也有着高度的道德自信。

试想一下：如果这些老人是我们自己的亲人，他们有极高的道德自信，遇到小事就暴跳如雷，我们该怎么办？

这里有缓解老人愤怒情绪的三步曲。首先，降低老人的重心，因为人在怒发冲冠的时候，免不了会拍案而起。我们看那些生气的人，都是站着的，站着就会让自己感觉理直气壮。这时让老人坐下来，条件允许的情况下，为他倒杯水，老人的气可能就消了一小半。其次，我们要认真倾听老人的话语，不能争辩，也不能迎合，而要一边听一边真诚地嗯嗯啊啊，或点头或摇头，配合着老人诉说的事情而做出相应的表情。当我们认真倾听老人的话时，就满足了他被尊重的需求，他觉得我们很重视他，气就又消了一些。最后，我们让老人把话说完后，重复他的话："您刚才的意思是……对吗？"一般我们在重复老人的话的时候，他会冷静下来认真听，并且会纠正，感觉"刚才我怎么能说那样的话呢……我不是这个意思……"此刻，老人就变得理智了，我们再适时点拨一下："在公交车上，老、幼、残一眼就能看出来，但对于有的病人，我们看不出来啊！难道年轻人做完手术刚出院，也必须给老人让座位吗……"这时，老人就明白了，自己有时候的判断不一定准确。当他不再有道德自信的时候，就不会动辄怒发冲冠。

温馨提示

1. 作为教师，将来无论怎样学富五车，无论获得多少先进、优秀等荣誉，都不要认为自己掌握了绝对真理。因为没有掌握绝对真理，你才会拥有宽容之心；因为没有掌握绝对真理，精神上才有足够的时间与空间，你才有思想上的自由。
2. 任何时候，我们宁可相信制度，也不要过于相信自己所谓的道德标准。

下

内外兼修，做更好的自己

第十章

锻炼——为幸福人生打基础

我从小就不爱运动，长跑、短跑成绩一直都在班级名列倒数。但是，当我立下一个远大的人生目标——80岁时成为一个美丽、优雅、可爱的老太太，并依然具备写作、演讲的能力时——我意识到自己必须将锻炼放在首位了。只有拥有健康的体魄，才能高质量、有尊严地活着。

然而，意识与行动之间总有一大段距离，何况我是一个不爱运动的人。当教师的前十几年里，我最常见的锻炼，就是晚饭后到小区的小花园里一边散步，一边构思文章。这样的运动量显然不够。直到2012年我患了一场大病，才彻底警醒——原来，健康对我们来说如此重要。

当时，我在班主任工作研究方面刚刚有了一些心得，出版了几本书，经常有人请我利用周末和节假日去做班主任培训，却不料一场大病让我再难见人。我如同刚刚起飞的小鸟忽然被打落，只得带着受伤的翅膀在泥泞的土地上挣扎，且不知何时才能重新起飞……

能健康地、四肢健全地活着，就是最大的幸福啊！

我们总是在身体某部位病变疼痛后，才意识到这些器官的存在。健康的时候，我们不妨问一问自己：我们有多久没有去静静地感受双手、双脚、胳膊、腹部的存在了？

一场大病，让我懂得了呵护自己的身体。我要一改往昔对自身健康的忽视，我要时时倾听自己的内心，和自己的身体连接……

在各种运动中，我首选瑜伽。

1. 最爱是瑜伽

这真是一个英明的决定——练瑜伽。随着练习时间的推移，我越来越觉得，瑜伽是最适合女教师的一种运动。

瑜伽起源于印度，是一项有着五千多年历史的关于身体、心理以及精神的练习。

也许是以前太喜欢穿高跟鞋的缘故，近几年，我的膝关节在上下楼梯时每每隐隐作痛，医生建议我不要做剧烈运动，包括跑步、跳绳、跳健美操、登山、爬楼梯等，甚至建议我走路也要减少。如此，我只能选择练瑜伽了。一开始我是在网上下载了练习瑜伽的视频，买了一块瑜伽垫，在家里一个人对着电脑练习。不能说这样的练习没有效果，但收效甚微。

2015年10月，为了方便锻炼，我买了小区内部健身会所的健身卡。

我以前认为，去健身会所的都是有钱又有闲、很高大上的人。锻炼一段时间后，我才明白健身其实是为健康投资。试想一下，我们因感冒进医院，一次要花多少钱啊！而一旦肩周炎、颈椎病、腰椎间盘突出等教师职业病发作起来，不但痛苦，治疗起来也同样耗时费钱。如此想来，我们一年为健康投资几千元，实在不算多。

身边和我持相同观念的女教师数量不少，她们选择的健身会所就在我们学校附近，会所里的环境不错，年卡费用不足两千元。她们每天中午12点半上瑜伽课，一节课一个小时。瑜伽课的最后一个环节是放松术，就是让学员们在全身每一寸肌肉筋骨都得到拉伸锻炼，直至酸胀、疼痛、疲惫后，躺在瑜伽垫上，伴着轻柔的音乐，在老师的引领下一步步放松："从脚部开始放松……放松你的大脚趾，其他四个脚趾……你的两个脚后跟正在放松……脚腕儿、小腿、小腿肚子……都在放松……"这其实也是一种催眠，我的同事们一般会在这种轻柔的音乐里午睡20分钟，再精神抖擞地回学校上课。

这几个同事都是热爱工作和生活的班主任，她们将练瑜伽和午休放到了一起。这张健身年卡之所以便宜，是因为会所规定她们只能在下午4点之前，也就是健身会所顾客较少的时候去锻炼。

其实，我的同事们都是不太喜欢热闹喧嚣的，何况下午4点之后还要上课、备课、开会……“任凭弱水三千，我只取一瓢饮”。再高级的健身设施，对我们来说也是摆设——能坚持上一节瑜伽课，已经不错了。所以，我觉得健身会所这样的规定挺好。我因为担心放假后懒得往学校那边跑，才买了自己小区的健身卡。

瑜伽是一种非常古老的修炼方法，集哲学、科学和艺术于一身。我经常练习的瑜伽体位有眼镜蛇式、牛面式、下犬式……听名字就知道，这些体位是通过模仿自然界中一些动物的体位，做扭转、拉伸、平衡和力量的训练，以达到强健体魄的目的。古印度人发现，自然界里的动物生病后，自愈功能超级强，因为它们常做一些特殊的动作。所以，瑜伽是一种很好的锻炼，有助于颈椎病、腰椎病等职业病得到康复。

我在练习瑜伽时最大的收获是：心越来越宁静了。从练瑜伽的第一天开始，教练就告诉我，不要和任何人攀比，只和自己比，只要每天进步一点点，只要能坚持下来，身体状况必然会改善……这番话分明是谈学习、工作、生活的啊！

我练习瑜伽的第二个收获是：我每天都能关注到自己身体的每一个部位，认真去感受这些部位的疼痛、伸展、紧缩等，而不是只有在生病的时候，比如在肚子疼的时候，才去关注肚子；在牙疼的时候，才去感受牙齿。这样的锻炼可以让我经常意识到它们的存在，感谢它们的付出。比如我们应该感谢双脚，让我们走南闯北；应该感谢眼睛，给我们带来精彩美妙的视觉享受；应该感谢耳朵，让我们听到雨声和鸟鸣……感谢双脚的时候，就去活动拉伸一下脚腕，免得因为脚腕僵硬而崴脚；感谢眼睛的时候，就快速搓热双手去抚慰眼眶，免得老眼昏花；感谢颈椎的时候，就拉伸一下脊柱，减少看手机的时间，免得因颈椎压迫神经而头疼……

人们说“筋长一寸，寿延十年”。做瑜伽的拉伸动作时真疼啊！因为没有任何舞蹈、运动基础，我的每一个动作都做得特别拧巴，经常疼得龇牙咧嘴——就算在大冬天，我只穿一件薄薄的瑜伽服，汗珠子也一颗颗往下滴。一开始我常常一边偷偷地打量钟表时间，看看还有多久才下课，一边忍不住问自己：我为什么要受这份罪呢？但是每次练习结束放松后，我都能体会到什么是“每一寸肌肤都舒爽”“每一处筋骨都灵活”。坚持练习一段时间后，我就体会到没有颈椎病、肩周炎、腰椎间盘突出折磨的日子，是多么幸福。

何况，我的身材越来越挺拔，气质越来越高雅，笑容越来越自信，动作越来越协调，内心越来越宁静……这都是看得见的进步。

如此，让我们伴着柔美的音乐，跟随瑜伽教练亲切的指导练起来："轻轻地闭上双眼，结成瑜伽的智慧手印。舒展你紧锁的眉心，放松你的面部肌肉，让嘴角微微上扬，在内心给自己一个淡淡的微笑，去关注你的呼吸……深深地吸——吸入新鲜的空气滋养身体……缓缓地呼——呼出身体里的废气、浊气……"

温馨提示

1. 选择健身会所时，位置最好在学校旁边或自家小区里，否则一旦忙碌起来，就很难坚持下去。
2. 在冬天练习瑜伽前，最好先在跑步机上热热身，这样便于筋骨的拉伸。
3. 瑜伽服最好是紧身有弹性的，这样便于教练及时发现我们动作的缺点。

2. 身心流动练协调

那天，我刚刚办好健身卡，看着课程表上有一节课叫"Flow"，不免疑惑："Flow是什么？"

工作人员说："Flow就是流瑜伽。"

我还是不懂："流瑜伽是什么？它和其他瑜伽区别很大吗？"

工作人员耐着性子给我解释："就是身心流动啊！"

我依旧呈茫然状。

工作人员放弃了解释，笑着说："你去上一节课就知道了。"

我终于明白了禅宗为什么主张“不立文字”。因为对一个从来没有吃过梨的人，你想通过语言描述让他明白梨子的味道，是多么困难而又不可能完成的事情。

后来，我只上了一节流瑜伽课，就被这个美其名曰“身心流动”的“Flow”迷住了。音乐的优美、流畅甚或激越还是其次，关键是教练动作的潇洒、柔美、帅气……让人赞叹不已，让人痴迷到忘记身外一切，而仅仅专注于自己所做的动作。

据说，任何一种让人专注的事情，都可以成为放松的方式。

“Flow”意为“流动、流畅”，所以也称“流瑜伽”，即动作像行云流水一样缓慢流畅。不过，当流水遇到岩石时，会激起浪花，所以流瑜伽也穿插有快速的节拍性动作组合。它是在瑜伽传播到西方后，在欧美诞生并确立的流派。

流瑜伽强调运动与呼吸的和谐性，是集瑜伽、普拉提、古典舞、戏曲表演等为一体的一种如行云流水的运动方式，动作较复杂，对初学者或者身体协调能力较差的人来说，有一定的难度。

平时我们看到有些女性身材并不窈窕，容貌也不漂亮，但举手投足给人感觉特别优雅，那是因为她们的身体协调能力好。反之，生活中我们也遇到一些女性朋友身材很苗条，但是整体给人感觉萎靡不振。归根结底，是因为她们的身体协调能力差。

流瑜伽是最能锻炼我们协调能力的运动方式，它是一种侧重伸展性、柔韧性、平衡性、专注力的训练——注意：伸展性和柔韧性好让人动作优美；平衡性好可以降低我们摔跤的风险；专注力强能提高我们的工作效率并增强个人魅力。正如许多人感叹，专注于思考、工作或学习的女人最有吸引力！

流瑜伽，体弱僵硬的人可以练习，身强体壮的人也可以练习。在柔美或激越的音乐中，一套动作做下来，虽然体力消耗大，但是可以通过有节奏的呼吸和体位运动协调同步，引起身体内部能量连续地流动，加热身体，排出毒素，把氧分带到血液，滋养腺体和内部器官，清洁和净化神经系统，从而建构更为轻快、强壮的身体系统。

一个深受学生欢迎的女教师，在讲课中必然会用到多种手势、体态，流瑜伽可以让我们的举手投足变得更加协调。如此，让我们定心凝神，听着或舒缓或欢快的音乐，跟随教练的示范，学习起来吧！

温馨提示

1. 流瑜伽对轻度自闭症以及注意力不集中的人群，有很好的调理功效。
2. 流瑜伽略有难度，力量较大，节奏略显快，适合身体健康的、想减肥排毒的人练习，不建议体弱多病者练习（上一节课不比跑五公里轻松）。

3. 康复锻炼普拉提

据说，一个人的青少年、中年、老年可以分别用骆驼、狮子和婴儿来比喻。

青少年时期因为要参加中考、高考、考研、考博，或者面对工作压力，是人一生中最忙、最累的时候。高中三年，很多学生每天睡眠都不足六个小时，像骆驼一样辛苦，也像骆驼一样储备着能量……年迈之时，颐养天年，不必学习、工作，有的老人像婴儿一样，失去了自我照顾能力，看似没有任何压力，其实也没有行动的自由……

最能让人感觉到生命活力并自豪的，莫过于中年时期。据说，人到中年，有了一定的经济基础、工作经验、社会地位，这个时期，身体健康、精力充沛，可以像狮子一样自由、强壮。

然而，发生在我身边的几件事，让我感受到教师身体的脆弱。

梅老师是一位三十多岁的美女教师，拥有“行动处如弱柳扶风”的窈窕身材，令诸多女教师羡慕。学期末，照例是工作上最忙乱的时期。梅老师带着几个学生忙着登记全班同学的日常考试分数。她原本坐在自己的办公凳子上，指导学生填表的时候，不由自主地站了起来。恰好旁边帮忙的学生站累了，就把凳子拉过来自己坐着。梅老师站着忙了大约半个小时，觉得脚酸腿麻，她不知道学生坐了她的凳子，下意识地向后坐，结果直接坐到了地上，只听“哎呀——”一声，梅老师不能动弹了……同事们手忙脚乱地将她送往医院，医生诊断为尾椎骨骨裂……梅老师在床上躺了足足一个学期，至今走路还小心翼翼……

参加工作不久，一天，我到学校的开水房打开水，远远看见一个身高一米八几、肩膀宽阔的男生弯腰在接水，我在心里赞叹：“这个男生的身材真棒！”等走到近处一看：原来是政治组的柳老师——我们学校当时最帅气的男老师。然而，五年前，柳老师刚满四十岁的时候，腰椎间盘突出严重，在一次打篮球的时候他不小心闪了腰，推拿、休息一段时间后，上下楼梯都需要手扶栏杆，再也没有了往日的潇洒灵活……

前段时间，刚刚三十岁出头的李老师，在马路上骑电动摩托车时被一辆小汽车擦了一下，她摔倒在地，尾椎骨受损，从此不能久坐，也不能长时间站立……

凡此种种，让我感觉人到中年哪里有狮子般的威风？简直脆弱到了未老先衰的地步。尤其是当我们的腰椎、颈椎、膝关节有了一定损伤后，医生就会告诫我们，不准爬山、跑步、跳健美操，尽量避免上下楼梯……那么，我们还能做什么运动，来让受损的器官康复呢？

比较好的康复型运动方式，还真有，那就是——普拉提。

初到健身房，我并不喜欢练习普拉提，感觉它的动作太单调，又没有优美舒畅的音乐做背景，还特别累……我练了一段时间的瑜伽后，身体的柔韧性虽有改善，但力量、平衡性却改善不大。这时教练建议我练习普拉提。我这才知道普拉提虽然动作简单，但是见效较快、康复功能较多的运动。

普拉提训练法是由德国的约瑟夫·普拉提于1926年创立并推广的一种运动健身体系。约瑟夫·普拉提原本是一个瑜伽修习者，但是他无法理解东方的意识形态，比如“气”和“冥想”（因为西方人一向注重身体肌肉和生理机能的训练，例如腰、腹、背、胸、臀等部位的训练，而东方人看重呼吸和心灵集中的训练）。于是，普拉提合并了生理与心理的相关研究成果，从“照猫画虎”到“无心插柳”，形成了相对瑜伽而言比较“偏外”的普拉提运动方式。

最初普拉提只运用于两大领域：专业舞蹈团体进行的肌肉训练；医疗康复机构在病人痊愈后帮其进行肌体功能及肌肉力量的恢复。现在，普拉提演化为一个名词，泛指所有运用普拉提动作来锻炼的课程，该课程可以是集体健身课程，或是由一个教练为了纠正某种特殊损伤、肌肉不平衡或其他身体问题而开设的私人训练课程。

说起普拉提与瑜伽的不同，言简意赅的一句话就是：前者是动态的，而后者是相对静态的。做瑜伽时你举手提腿，它的重点在于做到某个姿势，然后运用你的力量、平衡、韧度来保持这个姿势。而做普拉提时，着重的却是做到某个姿势的过程，它并不在乎你能不能做到最完美的姿势，只要你所锻炼的部位有酸爽的感觉，就有功效。它既融入了西方人的“刚”，注重身体肌肉和机能的训练，又融入了东方人的“柔”，强调练习时的身心统一。

久坐办公室的女教师，大多数人腰间有赘肉，肌肉发展失衡，普拉提主要是针对腹肌、髋肌群和肩、背等部位做肌肉训练。它和瑜伽一样不受场地限制，拿块垫子，在地板上就能练习。

普拉提主要是胸式呼吸，将腹部收紧，两肩放松，用鼻子吸气，将胸部扩张，再用嘴轻轻发出声音哈气，让肚脐去寻找脊柱。这样，我们腹部的深层肌肉就能被调动起来。

现在，我们总结一下做普拉提能有哪些收获。

得到健康柔软的背。经常练习普拉提可以让我们脊椎的支撑力量更强。当我们保持中立位站立，头顶努力向上，脚部努力向下时，便给我们的脊椎骨创造出更多的空间。这些多余的空间不仅会让我们看起来更加修长，还可以让我们的身体有更多的灵活性。很多朋友都会问我为什么在四十岁之后小腹仍然这么平坦，还能穿十几年前的衣服。我觉得最关键的就是我经常收紧核心（腰腹部），做普拉提式的呼吸。我甚至在电脑前写文章的时候，在讲台上讲课的时候，都很注意将背部挺起来。将这样的呼吸方式当成生活的一种常态，拥有健康的腰背，就不困难。不过，我有这样的习惯，还真不是在普拉提课堂上学到的。而是因为我的哥哥姐姐们个子都很高，唯独我是中等身材，所以和他们在一起，我总是拼命抬头挺胸延伸脊柱，好让自己看起来修长一些。于是，我无师自通地学会了普拉提式呼吸和站姿，并坚持了20多年。

在体形塑造的同时做康复训练。普拉提不会给我们的关节及关节周围的软骨和韧带带来任何压力，它会让我们的肌肉更加协调、有力量。比如，我经常练习的一个动作是：在教练的指导下，侧躺在垫子上，抬起上面的一条腿勾脚，先向上抬高十次，再绷脚，直着腿画圆，片刻时间，大腿和臀部就会很酸……然后将上面的腿弯曲放在身体前，下面的腿向上抬高十次，再次画圆……大腿内侧的肌肉便能得到锻炼。随着锻炼时间的推移，当我们的背部肌肉有了力量，腰椎间盘突出就会得到缓解；当我们的大腿、臀部有了肌肉力量，行走时就能减轻膝关节的压力。同时，拉伸运动还可以增加我们身体的柔韧性，让体内的营养物质流向肌肉和腱，刺激关节润滑剂的产生，将身体突发性受伤的可能性降到最低。

增强身体活力。普拉提在拉长和锻炼我们的肌肉的时候，可以帮助我们促进循环系统的运转，扫除我们的紧张情绪。

提高平衡性和协调力。随着年龄的增长，我们的平衡性会因为肌肉的萎缩和神经感受器官失去灵敏性而退化，普拉提可以通过稳定我们的平衡性和协调力而延缓这种老化的过程。

温馨提示

1. 瑜伽能让身体变得更柔软，普拉提减肥塑形效果却更好，女教师们可以两项运动结合着做。
2. 普拉提讲究胸式呼吸，一开始部分教师掌握不好方法，可能会头晕。多听教练引领，多思考、多练习即可。
3. 饱餐后练习普拉提，肠胃会在身体扭转中不舒服，但是空腹练习又会觉得体能不够。因此，在用餐半小时到一小时之后练习最好。

4. 塑型健身哑铃操

平心而论，我一开始不喜欢哑铃操。

哑铃操怎么能和瑜伽、普拉提、流瑜伽、古典舞相提并论呢？且不说那简单机械的动作，也不谈那多次重复的单调，单单是震耳欲聋的音乐，就过于激越、嘈杂了些，与我等追求诗情画意的小女人的心态不符，更与上述几项运动的流畅婉转拉开了几个档次。简单的动作重复做，还累得要命……简直枯燥无味嘛！总之，当时的我认为哑铃操不够高大上。

然而，当夏天来临，酷爱穿无袖连衣裙的我，经常对着胳膊上的“摆摆肉”发愁：练了一年的瑜伽，怎么胳膊没有变细呢？身体怎么还是胖乎乎的呢？说得好听点叫丰腴，说得难听点就叫肥胖。

这时有健身教练劝导我：“你要练练哑铃操才好。”

哑铃操？就那么简单的动作，对减去胳膊上的“摆摆肉”有帮助吗？

在我犹豫不决时，便有老会员循循善诱：“你坚持练习两个月，保证让你的胳膊变细、身材线条变得更流畅……”

另一个让我对哑铃操动心的原因，是为了保护我的膝关节。如上文《最爱是瑜伽》里所说，近几年我在上下楼梯的时候，膝盖总是隐隐疼痛。医生说可能是髌骨老化，且这种老化是不可逆的，除了从现在开始保护膝关节，别无它法。

我到医院咨询，医生说锻炼身体是必需的。如果臀部和大腿肌肉有力量，就能缓解对膝关节的压力，反之，膝盖老化会更迅速。在所有运动里，游泳是最不伤膝盖的锻炼方式，但是我不会游泳。医生便建议我每天坐在凳子上练习抬腿——多么枯燥。

这时，又有教练说：你想专门锻炼大腿和臀部肌肉，可以试试哑铃操！

哦！这样啊！为了健康，为了美丽，那我就练习哑铃操试试吧！

一旦跟着教练上起哑铃操课，我才知道哑铃操是一种很好的有氧减肥运动。教练编排了很多动作，利用哑铃、瑜伽垫、塑料凳等，配合呼吸，能对全身各部位都进行锻炼，特别是对手臂、双肩、背部、臀部等做训练，减脂塑型的效果非常好，同时还可以拉长肌肉，让身材变得纤长。有很多女性担心练习哑铃操会导致腿上、胳膊上出现一块块肌肉疙瘩，其实这样的担心完全没有必要，那些肌肉疙瘩，可不是我们这些女人想练就能练出来的。男人的雄性激素多，容易练出肌肉块，女人嘛，适当的哑铃操训练可以促进我们的新陈代谢，达到减肥不反弹的效果，却很难让我们练出肌肉块儿。

哑铃减肥操的常见动作有弓步上臂屈伸、直立挺举、背部提拉、负重屈腹、腿部伸屈、胸部开合运动……听听每节哑铃操的名字，就知道一个小时的运动做下来，可以让我们身体的每一块肌肉都得到锻炼。在做哑铃操的时候，我常常感觉全身酸爽疼痛，但是一旦运动结束，就能体会到全身放松的舒适。

现在，我每周上两节哑铃操课，能明显感觉到自己的身材紧致结实了很多，尤其是上下楼梯的时候，腿上比较有劲。赘肉没了，就不存在身体各部位下垂的现象，到商场里买衣服非常"任性"，只要看中了款式，找对码子，穿上通常非常合适。

我从少女时期就不喜欢穿裤子，一年四季都穿裙子，因为我腰细腿粗，试穿牛仔裤总是腰部合适的，裤腿太窄；腿部合适的，腰部又太宽。但是今年，令我开心的是，我穿上牛仔裤，竟然非常合身，腿部线条特别流畅。

这就是我为了保护膝关节所做的哑铃操腿部肌肉锻炼的功效！

温馨提示

1. 健身会所一般会提供不同重量的哑铃，每次运动时要选择合适的哑铃。在锻炼前，我一般会拿两套哑铃：两个2千克，两个3千克。用两个3千克的哑铃来做蹲下起立运动，但是锻炼双二头肌时，我只能举起2千克的哑铃。
2. 无论是瑜伽还是哑铃操或别的运动，在做屈膝动作的时候，都应注意不要让膝盖超过脚尖，这样能避免膝关节受伤害。

3. 有腰肌劳损的教师，在做哑铃操的时候，要听从教练的指导，有的动作是不可以做的。

4. 做哑铃减肥操的常见动作不在多，贵在持久。选择重要的几个动作，或者针对你想锻炼的部位的那些动作，坚持做下去，一定会得到良好的健身效果。

第十一章

不争——保护幸福的源头

“这孩子从小就有自己的主意，凡是她不喜欢的东西，一概不要；即使是她喜欢的玩意儿，不属于自己的也绝不强求。”

妈妈总是用这样的语言做引子，慢慢讲述过去的故事。于是，我的眼前经常出现这样一幅生动的画面：

时间定格在20世纪70年代。那是初冬一个明媚的下午，妈妈在院子里忙碌，两个花朵般的女儿在温暖而洁净的小屋里玩耍嬉戏。做乡村教师的爸爸从县城里开会回来了，姐妹俩围绕着爸爸欢呼雀跃。爸爸喜滋滋地从挎包里拿出来一双红袜子、一双绿袜子，都精致异常。那时物质极端匮乏，爸爸几乎要确信隐藏在太行山褶皱里的山村中，没有哪个人家的女儿会拥有这么漂亮的袜子了。红色的袜子大一些，显然是给姐姐的，绿色的给了妹妹。

晚饭后，妈妈为大女儿试穿红色袜子，胖乎乎的小脚丫立即让整间屋子都充满了喜庆。妈妈转身想为两岁多的小女儿试穿新袜子，却怎么也找不到爸爸所说的绿袜子。那时，小女儿的言语表达已经十分清晰，却坐在一旁默不作声。爸爸帮忙找，还是不见绿袜子的踪迹，不禁惊奇：“我真的也为小妞妞买了袜子的，是我亲手送给她的。”

妈妈停止了找寻，问：“小妞妞，你看见爸爸给你的袜子了吗？”

小妞妞无精打采地回答：“看见了。”

“现在袜子在哪里？”

“我把它扔了。”

妈妈心头一惊：这孩子才两岁多，之前还没见过质量这么好、款式这么漂亮的袜子呢！于是更加亲切地问："你为什么把袜子扔掉啊？"

"我不喜欢。"

妈妈忙说："你告诉我，你是站在哪里扔袜子的？你扔袜子的姿势一定非常好看，再给我做一遍，好吗？"

小妞妞站到卧室里的炕台上，对着另一个房间比划："我就这么一扔，袜子就扔掉了！"

妈妈马上去找，果然看见了那双簇新的绿袜子……

往往故事讲到这里，妈妈就开始感叹了："所以啊，我这孩子只要自己喜欢的东西。自己不喜欢的，任别人怎么当宝贝，她都不屑一顾。反过来说了，就算是自己喜欢的东西，如果在别人手中，她也绝不强求。"这个故事被重复了无数遍，以至我都能倒背如流，而妈妈却依然不厌其烦地讲述。无疑她是很欣赏小妞妞的个性的。

其实，文章看到这里，您一定猜测出来了，小妞妞就是我，只是我当时还不记事，对扔袜子的事情没有丝毫印象。

多年后，当我走上讲台，了解一些早教知识后，不禁对妈妈这一做法深为赞叹。妈妈是个天生的教育家啊！在那贫穷的年代，我竟然把难得的、新买的袜子扔掉了！换作一般的妈妈，早就暴跳如雷，甚至巴掌都打到孩子身上了。但我的妈妈却耐心地倾听女儿的心声，并一步步引导孩子告诉自己袜子的所在。

如今，常常有人赞叹我有做教师的天分，因为很多时候我能凭着直觉，非常顺利地把学生间发生的、很棘手的事件处理圆满。如今想来，这其实是妈妈将她良好的基因遗传给了我，或者说我受了家庭教育的影响。

"凡是自己不喜欢的，一概不要。"这是我两岁多的时候，妈妈为我贴上的"标签"。我喜欢这个"标签"，因此才能时时用它拂拭染尘的心灵，才能在这个物欲横流的社会中，保持一方宁静的心灵天空，安于过简单朴素的生活。就是在这个"标签"的暗示下，我崇尚老子的思想，不喜欢和任何人竞争，因为虚荣心常常和竞争并肩而行。

当然，一个人要想成长，不可避免地要参与种种竞争。但是，我们首先要选对竞争的战场，如果战场选错了，即使自己胜利了，也毫无意义。比如我们身为班主任，却一门心思只在炒股上和他人竞争，即使我们胜利了，也不能说是学校里最优秀的教师。其次还要选对竞争对手，你在跟谁比，跟谁斗。大多数人喜欢跟同事争，跟同事比，于是造成了很多矛盾，两个人针锋相对、明争暗斗、互不相让，忘记了竞争的目的是成长，而不是个人虚荣心的满足。于是，人与人之间开始变得复杂，常常表面上是一回事，实际上是另一回事。这与生命本身是相悖的，也有损生命的尊严。那种小争小斗，不是自由创造，而是对人性的伤害，这导致了这个世界上很少有赢家。很多时候，生活的黑暗，不是指贫困，不是指情绪的低落，而是指一种存在的无意义、被割裂状态。当我们过于关注竞争的结果，而忽视自身成长和内在需求的时候，很容易弄得疲惫不堪。于是领导与教师之间，教师与学生之间，同事与同事之间……相互竞争而不合作，相互争斗而不鼓励。

在此基础上的“个人努力”是没有价值的。

我很庆幸自己自小就懂得了“接纳”“不争”的妙处，这是对心灵最好的按摩。

1. 拒绝比较，拒绝倒数

2014年元月，某日，我的工资卡上多了6027元钱，估计是2013年的绩效工资。我在厨房里对着先生喊：“哇！这么多啊！六千多呢！”

先生笑我：“你还觉得多啊！你工龄这么长，绩效工资才六千多……”

其实，我对金钱一向没概念，尤其是自学校发钱都打到工资卡上后，我对金钱就更加没感觉了。反正除了买书，我平时也不怎么花钱。

但是，第二天，我到学校办公室打印资料时，看见同事们在查自己的绩效工资，很多人在咨询为什么自己发的钱那么少。我一问，才得知，他们中最少的比我的还多300元呢！于是，我忍不住看了别的同事的绩效工资。

真是不看不知道，一看吓一跳。原来，我拿的绩效工资是全校倒数第二，休产假的老师的绩效工资最少，我的年绩效工资比休产假的老师的只多了五十多元钱。我这一年的工作量也挺大的呀，绩效工资怎么会是全校倒数第二呢？

我的心里有点郁闷。

发绩效工资后的第三天，学校召开读书心得交流会，全校一百五十多个老师，获奖人数达六十七人。会后，很多人问我："李迪，你怎么没在获奖名单里？"

我也很纳闷啊！我应该属于爱读书的老师吧！我每年记的读书笔记真的很多。我的文笔也不错，不但公开发表了几百篇文章，还出版了九本专著。难道我写的文章不被评委们欣赏吗？

我的心头越发郁闷。

闷闷地走出办公楼，我忽然想起老子的话，"天下皆知美之为美，斯恶已；皆知善之为善，斯不善已。"老子是最不喜欢让我们去做比较的。一旦人的心里有了美丑、善恶，就会有比较。一旦有了比较，内心就难以从容了。在我不知道自己的绩效工资是全校最低之前，我很开心，忽然多了这么多钱，好像天上掉下来一个馅饼一样。一旦知道了自己的绩效工资原来是全校倒数第二，我就忍不住心里气闷。

在没有评选读书心得之前，我沉迷于阅读，从中获得很多享受。那时的我很快乐。但是一旦知道同事们获奖了，获奖概率还那么高，而我的读书心得连个三等奖都没被评上时，我的内心就失去了平和宁静。

所以，我们的烦恼来自哪里？

让我们不快乐的，向来不是事情的发生，而是我们对事情的比较，以及对比较后结果的看法。这样的情况，是我们经常遇到的。人是社会性的动物，即使我们有心做庄子那样的散淡闲人，现实中也会有种种评比来干扰我们。这时候，我们应该怎么办？只能换个想法了。

很多时候，我们疑惑的也许不是美，而是美的标准到底由谁来定。据说，苏格拉底是当时最丑陋的人，但是所有和他接触过的人都不由自主地被他的人格魅力所吸引。你怎么去判断一个人的美丑呢？

请问：桃花和梨花，哪种更漂亮？

请问：苹果和橘子，哪种更好吃？

我最厌烦的，就是一些人画出来一些条条框框，告诉我们什么是美，什么是丑，什么是好，什么是孬，让我们以此为据去追求合乎他们要求的第一、第二。如果我们参与这样的竞争、比较，可能就会丢失自己的审美观。

温馨提示

1. 在单位，不可避免地要参加各种评比、竞赛，对此要有良好的心态。获胜了固然好，失败了也无妨。须知任何一场比赛都有两个胜利者：一个是在比赛中胜出的人，另一个是虽然失败了但有心情躺在草地上吹口哨的人。
2. 在被动地比较之后，一旦暂时落后（比如我的阅读心得没有获奖），要清楚我们学习的目的究竟是什么，没有必要因外界的否定而耿耿于怀。

2. 警惕不当的物质奖励

教育界人士都知道不当惩罚可能对学生造成伤害。谁知道，有时奖励不当，也会对孩子，甚至对我们成年人造成伤害呢？

我们先来看一则故事。

在一位老人的房子附近，总有一群小孩扔石子玩，吵吵闹闹让人心烦。老人想阻止他们，便想了一个招。这天，老人叫住来扔石子的孩子们说："你们每天来扔石子，我很高兴。所以，我决定每天给你们每人五毛钱。"孩子们高兴疯了，每天准时来扔石子。过了一个星期，老人说："我年纪大了，没有那么多的钱，所以从今天开始，每天只能给你们两毛钱了。"那些孩子有点不开心，但没说什么，两毛钱也是钱啊！又过了一个星期，老人对他们说："我现在的钱更少了，从今天开始，我不能给你们钱了。但我很喜欢你们扔石子。"那些孩子不高兴地说道："没有钱了，谁还要扔石子？"从那天开始，那些孩子再也没来扔石子。

从心理学的角度来看，孩子扔石子，可能只是为了好玩，就好像我们的孩子天生对世界充满好奇一样。试想一下，哪一个孩子在第一天上学时不曾兴奋、激动过？他们有着强烈的求知欲，识字、数数、战胜自我的惰性……本来就是他们的兴趣所在，就算是没有任何奖励，他们也会努力去做好这些事。

但是，老人用金钱作为诱饵，改变了孩子们扔石子的动机，让孩子们感觉到自己扔石子是为了获得金钱，是为了老人的爱好，而不是为了自己的兴趣。当这个诱饵消失的时候，孩子们扔石子的行为就不能持续了。

这样的奖励，对孩子的兴趣岂不是一种伤害？

所以，如果我们过于看重物质奖励，就极有可能在不知不觉中失去自我，忘记自己最初对美和幸福人生的追求，甚至导致我们人性的扭曲。

熊培云的《自由在高处》一书里，有一篇文章标题是"人质为什么会爱上绑匪"，文中指出：失踪8年之久的奥地利女孩娜塔莎·卡姆普什被成功解救，奥地利警方对她进行了DNA检测，并公布了她在绑架者寓所的悲惨生活，在重获自由后的首封公开信中，娜塔莎披露了自己遭绑架8年期间的生活内幕，不可思议的是，在她看来，遭绑架不全是"坏事"，甚至说，"他对我非常关心，他是我生命中的一部分……"

这就是传说中的斯德哥尔摩综合征，又称为人质情结，指的是被绑架的人质对绑架者产生某种情感，甚至反过来帮助绑架者的一种情结。从本质上说，也是绑架者在具体绑架过程中驯服了人质。

那么，绑匪是怎么驯服人质的呢？一般要满足四个条件：一、人质生命受到严重威胁；二、人质处于某种绝望之中；三、人质所获得的信息只能是绑匪给他们的"一面理"信息；四、人质会得到绑匪的恩惠。

就是这种先令人绝望、后被奖励的经历，让人质心甘情愿地服从了绑匪。

想一想，在现实生活里，是否有一些不合理的制度，绑架了我们的学生，甚至绑架了每一个教师、家长？

我们先以学生为例。

现实里有一群这样的班主任：他们一般都比较强势，对学生不苟言笑，表情严肃，说话甚至很难听、很伤人。在这样的氛围下，新班级一般很快就能步入正轨。但是，正值青春期的孩子比较叛逆，他们迟早是会反抗的。不幸的是，因为老师有高考制度、家长、学校领导等做后盾，学生的反抗多数时候是无效的。学生在入学后，就被告知要过一段暗无天日的拼搏的日子，并且要学会猜测试卷出题人的意图，比如学生需要明白“雪化了是什么”的标准答案是“水”，不能很有诗意地说“雪化了是春天”。对此，学生也曾不服气，也曾反抗，但很快就屈服了——尤其在升学压力大的地方，屈服来得更快、更彻底。

现在摆在学生面前的是一个荒诞的场面：“高考制度打着公平、公正的旗号，诚心诚意地希望学生（人质）在高考制度下（铁笼里）过上体面的生活。然而谁都知道，这是一种别无选择且毫无保障的生活，任何以屈服换取的“舒适”都是不牢靠的。毕竟，对人质来说，获得自由才是真正体面的事。不幸的是，每当学生试图逃跑时，最后都会被家长抓回来，重新扔进学校——除非学生到职业学校去读书，因为职业学校相对而言宽松多了。

久而久之，学生被体制化，逐渐认同并参与种种奖励规则，任劳任怨，三更明月五更鸡地学习。他们不但不再反抗，甚至在顺利通过高考、得到奖励后，会说服后来者如何失去自己的自由思想，去猜测试卷出题人的意图，以便得到更好的分数——市场上这样的“工具书”随处可见。

学生的奴性，就是这样被养成的。他们学会了屈从，学会了迎合出题人的意见。

而我们教师呢？也会在这样的体制下有逐步成为物质奖励的奴隶，进而成为高考制度这个绑架者的帮凶的危险。

比如，学校有30位高三班主任，他们本来没有太大的升学压力，大家都诗意地栖息在各自的教育领地——教室里，积极向上，认真工作。后来，有了量化考核，有了各种评比，有了高考排名，有了职称评定。起初大家都试图反抗，但制度就是制度，一旦被定下来，教师们不得不遵守。

当部分教师反抗无效后，他们会在别无选择时由着自己趋利避害的本性，至少表面上开始臣服于评比制度，以求扩大自己的生存空间。前文提到的严厉、强势的班主任，就属于最早臣服于高考制度的教师。他们也许不善思考，甚至教学水平不高，却能在高压管理下让学生出成绩。

这时，部分教师继续反抗。奖励的设立进一步确定了制度的权威，由于个体回应奖励的差异性，教师之间的福利待遇出现不平等化。也就是说，有些最早臣服于高考制度、职称评定的老师，在琢磨透应对高考或职称评定的技巧后，迅速成为学校的骨干教师，奖金远远高于其他人，并得到了各级领导、家长的认可和赞美。奖励在效果上的差异性使反对奖励者的共同体渐渐瓦解。继续反抗者不仅会面对领导的扣分与惩罚，还可能引起同事及家长的反感。

所以，如果时间久远，奖励制度将使单位内部出现金字塔式的结构。领导让其中几位获得奖励的教师负责管理，并且给予与之相称的更多福利。老师们渐渐忘记所从何来，他们的工作目标不再是恢复以前没有竞争的诗意教育，而是如何从普通教师转为中层领导，接近管理核心，或者被评上高一级职称。于是，新的共同体逐渐形成。既然改变无望，曾经继续反抗的人“恍然大悟”，开始加入追求奖励、职称评定的行列，并监督其他反抗者。反抗可能削减自己的福利，并且影响自己的升迁，反抗由此变得没有意义。

自此，职称评定等物质奖励让我们失去的，不仅仅是对工作的兴趣，还可能是我们坦坦荡荡的人格。在这里，每个人都可能沦为奖励的奴隶。

那么，怎样做才能保持自己独立之人格、自由之思想呢？

老子说：“天地不仁，以万物为刍狗；圣人不仁，以百姓为刍狗。”刍狗是用稻草扎起来，用于祭祀的牲畜。祭祀时大家都祭拜刍狗，祭祀后那些稻草就被扔在了一边。老子借此告诉我们，世间万物都是平等的。也许你今天如刍狗一般受人敬仰，很荣耀；明天祭祀完毕，你也就和其他的稻草没有两样——即便你曾做过被人人祭拜的刍狗。

人生难道不是如此吗？不管你是达官贵人，还是平民百姓，你是三级教师，还是教授级教师，我们都一样会生老病死。众人熙熙，皆为利来；

众人攘攘，皆为利往。其实这里的众人，已经成了物质奖励的奴隶，远达不到范仲淹所说“不以物喜，不以己悲”的境界。

想通了这些，我们才可能会有意识地拒绝名利的诱惑。或者说，奖励也是我所喜欢的，但我们不应该将自己的喜怒哀乐交付给奖励我们的人。作为一名平凡普通的教师，我努力了，领导若奖励我，我很感谢——但也仅限于感谢，绝不至于感恩戴德；我努力了，领导若不奖励我，不给我令我满意的职称，我很遗憾，但也仅限于遗憾，绝不至于悲伤抱怨。这样才是心胸豁达、掌握自己快乐的表现。

温馨提示

1. 在工作、生活中，我们不要和别人做无谓的比较，而要保留自己对工作本身的兴趣，以及对快乐的自主把握。只有做到：“我努力工作，为的是我内心的呼唤，而不是为了获得外界的赞誉”，才能成为自己的主人，才能获得真正幸福的人生，才能成为灵魂有香气的女教师。
2. 对学生，最好不去设置过多的奖励。老子曰：“天地之间，其犹橐龠乎？虚而不屈，动而愈出。”橐龠是手拉的风箱。天地之间，不就像风箱一样吗？虽然里面空虚，却不能穷竭。越是排除，它风量越大。由此可知，不对学生过于干涉，任其自然，学生自会自尊、自爱、自信、自重。关于人性的美丽字眼——自尊、自爱、自信、自重……不必拿到试卷上去考试，他们自然能理解。“多言数穷，不如守中。”说得太多，评价太细，反而会让学生失去自我。
3. 在心理学中，用物质奖励强化学生良好的习惯，叫“阳性强化法”，其作用仅仅局限于帮助学生养成好的习惯。教师不可将此视为灵丹妙药动辄使用。

3. 我们需要的究竟是什么

“凡是自己不喜欢的，一概不要”，这是妈妈对我最为精当简要的评价。我喜欢这一个性化凸显的“标签”。在这个“标签”的影响下，我害怕受物质羁绊，不喜欢人际关系的纠缠。当我浮躁的时候，当我烦恼的时候，我总是问自己，我需要的究竟是什么？让我心神不宁的又是什么？我一直都知道，自己想要的是充实、快乐、宁静、温馨，而名利并不会给我带来真正的幸福。所以，每次参加觥筹交错的宴会，在那喧嚣热闹的场合里，空虚、无助、怅然等感觉总会猛烈地袭击我，无限制地控制我。我认为那些场面是不属于我的，正如朱自清所说，“热闹都是他们的”。近几年，我外出做报告的机会很多，每次主持人介绍我，我都希望越简单越好，最好只说一句“下面请来自郑州的一线教师李迪为我们做报告！”什么“知名班主任”，什么“时代符号式班主任”，那些光环，那些头衔……都是我不喜欢的，我一概不要。

妈妈说得对，即使绿袜子的漂亮程度超过了我拥有的所有衣物，即使绿袜子引起了所有同伴的羡慕，但是我若不喜欢，也是不屑于要的。

同样，即使名利是多数人梦寐以求的目标，即使它早已降落到我的身上，但它若不能给我带来充实、快乐，我也是要毫不犹豫扔掉的。

“名利竟如何？岁月蹉跎。几番风雨几晴和，愁水愁风愁不尽，总是南柯。”这不是落魄寒士自我解嘲的风凉话，而是清朝诗书画三绝的名家、乾隆元年进士郑板桥的经典语句。他所表现的正是一种不使自己沉迷于名利得失的通达，甚合我意。如今，我的工作室里挂着一幅字：“千江有水千江月，万里无云万里天。”天上的月亮皎洁美丽，人人都想拥有。但是，我们仅仅朝思暮想、仰望月亮是没用的，关键是心中要有“水”，这里的“水”指知识、才华、境界、水平。因为月不择江河大小，平等光照，即使你仅仅有一碗清水，也能月映其中。若要万里无云，不要执着于天，而要清除心中的“云”（“云”代表红尘中功利的羁绊），清除了心中的“云”，天自然会显现出来。若要真心前进，重要的不是别人是否给你机会，而是自己是否有完善自己个性的愿望；若想心胸宽广，更重要的是不介意那点点滴滴的恩怨以及飞短流长。

我不记得两岁时扔袜子的故事了。故事里的我似乎是喜欢红袜子的，但当红袜子不属于我，而属于姐姐的时候，我绝不依靠自己“小妹”的身份去哭闹，去强迫姐姐把红袜子给我。妈妈给我的“标签”极好，强求不属于自己的东西，同样是我不屑于做的。我在另一篇文章《我本超然》里曾说：别说我是吃不着葡萄说葡萄酸的狐狸，其实我知道那葡萄很甜，但我吃不到，又能怎样呢？与其在树下徘徊、生气，倒不如低下头来寻找，说不定会找到一些自己喜欢的花生、红薯、土豆。葡萄虽然甜，花生也很香啊！何苦一窝蜂地赶时髦、挤热门呢？我在学生那里收获到的真情，在工作中体味到的欢乐，就是我在泥土里找到的花生、红薯、土豆。

前几年，有人想请我为他们当地教师做报告，在电话里问我：“李老师，您曾经获得过多少国家级荣誉？”我说自己从来没有获得过任何国家级荣誉。这个人就很纳闷、很奇怪地说：“您在全国都这么有名气了，怎么会没有国家级荣誉呢？”我当时哑然失笑。是啊！我怎么会没有国家级荣誉呢？试问中国有几个老师能获得国家级荣誉？就如同我的爸爸只买了一双红袜子，他把红袜子给了姐姐。现在你却问我怎么没有红袜子，这问题让我怎么回答？但这个老师显然不明白，依然在追问，我干脆回答：“我从1997年当班主任至今，不但没有获得‘全国优秀班主任’的荣誉称号，我连‘郑州市优秀班主任’都不是呢！”我的话让对方大吃一惊，他开始不相信我的能力了。我却依然感觉很正常。因为我已经拥有了“河南省首届最美教师”的称号，我辅导学生参加竞赛获得很多奖项，我有省级公开课一等奖的成绩，我发表了很多文章，出版了几本个人专著……我评职称的条件已经很硬。获得“郑州市优秀班主任”称号也是我的梦想，但这个荣誉对我来说只是锦上添花，对有的老师却是雪中送炭，我为什么非要领导给我这项荣誉呢？当一个人内在的自我评价机制很高的时候，是不会在意外在的荣誉的。

“其嗜欲深者，其天机浅。”人的智慧和灵性，是由于能避免“嗜欲”而保存下来的。

上文提到的打算邀请我做报告的领导，因为不理解我何以没有获得国家级荣誉，最终没有邀请我。我只淡然一笑。我相信“上善若水，水善利万物而不争”，人最好的品质应该和水一样，对别的事物都有利，却什么也不争。我这样一步一个脚印地走下去，属于自己的月亮就会自然而然地到来。

温馨提示

1. 经常问问自己：我们需要的究竟是什么，现在的生活是否是我想要的，如果不是，那么我想要的生活究竟是什么。想清楚这些后，就会坦然淡定很多。
2. 学习孔子“知其不可为而为之”的积极的人生态度。现实里有太多不如意，也许我们终其一生都难以改变。但是，我们依然要努力，相信每个人每天都努力一点点，我们的生活将会变得更美好。

第十二章

接纳——不完美是完美的起点

人吃五谷杂粮，怎么可能不生病？

小时候的我体弱多病，导致五年制的小学只读了三年。2000年，我怀孕时呕吐了整整七个月，每天都如同大病一场。怀孕7个月后，好不容易不再呕吐，能吃进东西了，婆婆从老家带来一只老母鸡炖汤，我只喝了一碗鸡汤，晚上就胆结石、胆囊炎急性发作，住进了医院。2002年，我乳腺增生特别严重，同时又在体内发现两个肿瘤（良性），做了局部小手术。2004年，我不小心摔了一跤，导致左臂两处骨折……当然，这些病都痊愈了。尤其是胆结石、胆囊炎复发后，我没有做手术，只因我每天坚持吃白菜炒木耳，饮食清淡，便康复得非常好。其他部位如今也无大碍。可以说，我有一个多灾多难的身体，但也正因此，在患病康复方面，我积累了很多值得大家借鉴的经验。但是这些，我都不想说，我只说最让我崩溃的一件事——2012年我患了面神经炎，俗称面瘫，其症状是嘴歪眼斜。我在一觉醒来后变得面目狰狞，笑容阴森恐怖，像鬼一样。

不照镜子的时候，我会忘记自己的丑陋。每每见到活泼可爱的孩童，我就忍不住去逗他们，但往往是……手刚刚伸出，笑容刚刚挂上……孩子"哇——"就被吓哭了……

很多人得了面瘫后，一个月内就能痊愈。医生说如果三个月内不能痊愈，就会留下很严重的后遗症，后遗症包括面瘫永远恢复不了、患病一侧肌肉萎缩发黑（相当于半边脸已经死亡），或者面部肌肉痉挛、不由自主跳动……而我治疗了整整四个月，针灸、拔罐、吃中药、按摩……所有能想到的法子全部用完，面瘫的症状依然没有丝毫好转。

沮丧、无助、悲伤、欲哭无泪！！有时在马路上看见风尘仆仆、憔悴苍老的卖菜大婶和旁人说笑，我也会渴望：“什么时候我能像她一样毫无顾忌地笑？”倘若外貌天生丑陋也就罢了，天生丑陋的人好歹是健康的，只要做人真诚、善良、正直，内在的涵养会让平凡普通的人拥有高贵的气质，足以弥补外表的缺陷。而我所患面瘫是不健康的，怎不让人伤心？其中滋味，没有患过面瘫，或患了面瘫很快就能康复的人，是永远也不能体味的。

那个时期，我曾经向周围的朋友许诺，倘若有一天我的面瘫能痊愈，我一定要把自己治疗的经过变成文字，供别的患者参考。

现在，似乎已经到我兑现诺言的时刻了。

1. 患病初期

如您所知，我是职业学校的一名班主任，平时工作压力比较大。患病前，我们班上的学生出了一点事（为保护孩子的隐私，我就不详细阐述学生出事的经过了）。那天我被吓坏了，陪着那个出事的孩子上完两节课后，我就亲自送她回乡下老家。把学生送到家后，我来不及喝一口水，又于当天匆匆赶回学校。这是我那次患病前受到的第一重惊吓。

两天后的深夜，儿子的鼻子出血不止，恰巧他爸爸出差在外，我一个人把儿子送到了医院。我的儿子患有血小板减少（学名PIT，凝血功能差，最怕出血，后文我会谈到）的病，我把儿子安置好后，彻夜守候在他身边，又一次受惊吓、受累。

儿子犯病的第二天，我和先生一起带孩子到杭州去找名医看病，在为孩子看病的当天，我左边肩膀既酸又痛，同时左边头疼、耳朵疼、牙齿疼。我以为是颈椎不适需要按摩，便没有当回事，感觉热的时候，照样开空调。岂料，儿子看病结束的第二天，我患面瘫了。

我先生说，“来杭州的时候有一个病号，回去的时候却有了两个病号。”

说实话，我是一个比较乐观的人，患病初期我并不太沮丧，心里想着，一个月以后肯定能好。所以在回家的路上，我还和火车上的乘客说说笑笑。

现在回想起来，我并没有耽误治疗，在火车上，我们遇到了一个学针灸的中医——一个年轻小伙子，在卧铺上他就很热情地给我扎针，腿上、手上、脚上都扎，不过没有在脸上扎。按照小伙子的说法，我的面瘫症状第二天就会减轻。

但是，第二天，我的面瘫症状没有减轻，却有加重的趋势。据我分析，我的床铺在卧铺车厢的靠门处，那天晚上车厢门开关的时候我受了风寒，这也许是我病情加重的原因之一。

温馨提示

精神紧张、压力大、受劳累、免疫力下降、受风寒，应该是我患面瘫的原因。老师们千万要保重身体，须知“病来如山倒，病去如抽丝”，还是防患于未然最好。

2.“白公馆”受刑

我在杭州患病后，第一时间就找朋友打听治疗此病的最好方法，得知首选针灸，其次是用膏药贴。于是，我回到郑州后的第一件事，就是找了一个比较有名气的专门针灸的私人门诊看病。医生姓颜，收费很高，1500元一个疗程，一个疗程针灸七次。本来我还想再到正规大医院看看，必要的话输液。这个颜大夫却说：“千万别去大医院输液。你想啊，你患这个病本来就是因为受风寒，如果到医院去往自己身体里注两瓶凉水，那病情岂不是要加重？”

我想，对啊！于是，我一开始没有去正规的大医院，也没有用含激素的药。也许，面瘫后一周内确实应该用含激素的药。不知道是否因为这一点我没有做好，导致面瘫恢复得很慢。

颜大夫针灸的水平也许是很高的，他那里多数是患脑瘫、小儿麻痹等需要长期治疗的病号，也有减肥、治疗鼻炎的。他扎针的时候，总是毫不思量，直接就扎，脖子上、背上、肚子上、腿上、手上、脚上、脸上，全部都是针。每次要扎两个半小时，坐着扎完（坐着时扎的是脖子，将近二十针）躺下扎，正面扎完反面扎，而且他扎得很深，很疼，有时候他向深处扎，还能听到咯吱咯吱的声音。所以，这里的病号给这个门诊取了一个名字——“白公馆”（《红岩》里共产党员受刑的监狱），认为在这里治病就是受刑。有一次，颜大夫在我的脖子上扎针，旁边一个陪孙子看病的老太太咂着嘴说：“看着咋跟切豆腐一样呢。”我本来心里就害怕，只求她：“您快别说了！”

当颜大夫往我头上扎针的时候，我总担心他会一针把我扎晕过去。所以，我每次一想到要去扎针，双脚双腿就发软。我除了在这里扎针，还拔罐、走罐，那叫一个疼啊！有一次，颜大夫在我后背上扎了好几针，然后再拔罐，拔出来一些黑紫的血块；最后一次治疗，颜大夫直接在我的头上、肚子上、手上、腿上用艾绒艾灸，就是将艾绒放到我的穴位上烧，像烤肉一样。做这种艾灸的人，无不惨叫——包括男人。

也许这些罪都是我命中注定该承受的吧！也许这些治疗措施对调理我的身体都有好处吧！但是，在颜大夫这里治疗，我面瘫的症状确实没有好转，而且一想起那些疼痛，阿弥陀佛，我受不了，真的受不了。

温馨提示

无论什么病，初期的治疗都非常重要。比如面瘫，我们首要的是控制病情，也许应该适当用一些含激素的药，然后针对面瘫的部位扎针就够了。至于调养身体的事，等面瘫康复了再说吧！

3. 针灸科主任

用针灸治疗了一个疗程后，我换到河南省比较有名气的一家公立中医院治疗。在这里，我暂且不提那家医院的名字吧，这也是一段弯路。

到这家公立的大医院，我挂的是针灸科主任的号，此人姓焦。第一次就医，他就冷言冷语地埋怨我为何不在患病初期就到他们医院找他治疗。他说现在一切都晚了，检查结果表明，我的面部神经严重受损，没有几个月的治疗根本不可能康复。

我在焦主任这里治疗了25天。他扎针很少，也很浅，脸上八针，手上两针，脚上两针，每次都是这几针，从没换过穴位。和颜大夫相比，他扎得一点也不疼，绝不会让人担心他会把患者“扎晕过去”。他的病号也挺多的，但是，没过多久我就发现，他对所有的面瘫患者都扎这几个穴位，而且每次治疗都是扎这几个穴位。

如此，我扎了一个疗程又一个疗程，期间还配合着吃中药，但是面瘫症状没有丝毫好转。焦主任每次给我扎针，都要埋怨我在患病初期没有去找他。但是，我去找他的时候，只是患病第十天啊！那时还在最佳的治疗时期呢！天底下又不是只有他一个医生，凭什么我一患病就要去找他？总之，这个所谓的主任反复强调的就是我找他找晚了，肯定治不好了。换句话说，治好了就是他的功劳，治不好是因为我在患病初期没有及时去找他。这是什么逻辑！

最让我生气的是，他常常给我灌输这样一种思想：“肯定会有后遗症的。”这是医生该说的话吗？他怎么就不顾及一下患者的心理感受？难道他作为医生不懂心理学？他不知道治疗面瘫的过程中最怕的就是患者情绪不好？他若没信心帮我治好也就算了，怎么能把“后遗症”三个字挂在嘴边呢？本来比较乐观的我，每次从医院回家，都要郁闷好几个小时。

我在焦主任这里治疗了25次，没有丝毫好转，还有5次治疗，我主动放弃了，因为我再也不愿意见到他。最后5次治疗的钱我宁肯不要，也不愿意再去他那里受气。

温馨提示

1. 医院领导（比如科室主任）的医术不一定会比一般医生高。钻研医学需要耐得住寂寞，坐得了冷板凳。而真正耐得住寂寞的人，一般是不会走上领导岗位的。换句话说，就我们中国目前的国情而言，一旦当上领导，少不得应酬，很难静下心来做研究，医术自然高不到哪里去。尤其是那种连话都说不好的医生，他们的医术更会令人生疑。就算患者有可能得后遗症，医生也应该换种方式告诉他，而不是动不动就"肯定"要怎样怎样，世界上哪里有那么肯定的事，癌症患者都还有可能康复呢！
2. 为了保持良好的心态，在网上查询了解病情是必要的，但尽量不要过于迷信网上的信息，比如我就不该在网络上查面瘫后遗症之类的信息，更不应该相信这类信息。网络上负面的信息会让我们的情绪越来越低落，对身体康复不利。

4. 名医堂的老中医

在焦主任这里治疗的同时，我一边喝他开的中药，一边吃维生素B1、维生素B12。后来，我听说焦作市有一种祖传治疗面瘫的膏药，就跑去买了三副。这家的膏药是一种贴在太阳穴上的红色的圆形的药膏，我用了以后没有丝毫效果。听说在耳朵背后放血能治疗面瘫，于是，我又到新密市去找一个中医在我的耳朵背后放血，依然无效。

听说安徽省阜阳市有一个中医用膏药治疗好了很多人的面瘫，于是我就到阜阳去。这次是在面部穴位贴黄豆大小的膏药，隔天换一次，一次贴12个。一个疗程500元，我买了两个疗程的膏药回家。但是很遗憾，依然无效。

再后来，朋友介绍了前文焦主任所在的医院名医堂里一个已经退休的老中医，姓张，70多岁，工作很负责，只是她的身体不好，做事慢腾腾的。

我在张医生这里用了电针、烤红外线、拔罐、放血……她开的药有白花蛇、全虫等，中药价格昂贵是次要的，关键是我看见这些药就恶心，喝不下去。张医生每次为我治疗都很用心，很认真，每次扎针的穴位都不同，扎针不但深，而且一针会扎几个穴位。只是她上了年纪，常常让实习学生为我治疗，有时候实习生扎针找不到穴位，有时候实习生拔罐会在我脸上拔出三四个大水泡。后来张医生看我的病一直没有好转，也很着急，开始在我的脸上敷药——她自己配制的。每次敷药二十分钟，同时用红外线照着。我在张医生这里治疗了九次，到第九次的时候，明显感觉张医生很无奈了，因为这次她直接向我脸上的穴位里注射药物。我在她这里还剩一次治疗，但我不敢去了。

温馨提示

对一些疑难杂症，我们当然要相信医生，但也不可全信，导致延误病情。我们可以在治疗的同时，认真分析自身情况。在多方听取医生建议的情况下，可自己确定适合自己的治疗方案。

5. 良好的心态从接纳现状开始

久病成医，我是相信这句话的。

患病四月有余了，我还是没有完全康复。我已经对一些著名医师感到失望，最后跑到濮阳市某农村，买了据说是祖传秘方的四副膏药，每副膏药有一张大的，贴在患病面颊上，两张小的一张贴在耳朵后面，一张贴在太阳穴上。这样一贴就是半个月，期间不能洗脸。当时暑期未尽，天气还比较炎热，但我不能吹空调，膏药里的汗水多了，皮肤便又痒又疼……但是，为了治病，我只好咬牙坚持。

那时，我是不敢见人的，不但歪着嘴、红肿着眼睛，而且半边脸都贴着黑黑的膏药，只怕晚上被别人看见了也会吓着人家。有时，看见路边草地上嘎嘎乱叫的鸭子，我好生羡慕，心想：“当只鸭子真好啊！鸭子的嘴从来都不会歪……”再向前走，看见池塘里的金鱼活蹦乱跳，我又忍不住叹息：“当条金鱼也不错啊！金鱼不会面瘫……”

带着满身的伤感、失落，我回到故乡调养身体。

不知是否离家太久的缘故，这次重返故乡，我越发体会到故乡的美丽、安详，竟不忍离去了。

我的老家在太行山余脉深处，从县城出发一路向北，上山、钻山洞……然后有一个很开阔的平原，叫“盘上”，也称侯兆川。侯兆川是深山里的一个盆地，东边山脉比较小，西边却是河南省内著名的风景区、影视村——万仙山、郭亮洞。汽车再向北行走四十里，看到北边已经是很险峻的高山，似乎无路可走的时候，就到了生我养我的小村庄。

因为村庄在巍峨险峻的北山脚下，我一直认为自己村子的风水很好：背后有高山依靠，人称“北山怀”——一个村子坐落在北山的怀抱中，多么安详、温馨。有人说村子东面的山是条龙，山不高，但很长，是龙身，满山松柏是龙鳞，山头有一个高音喇叭，每当村里有什么事情需要喇叭通知的时候，就是龙在叫唤了。想一想，还真像。不过东山和北山把我们村子环抱起来的时候，给人一种椅子靠背和扶手的感觉，让整个村子看起来很有安全感。南面视野开阔，前方有弯弯曲曲、缠缠绕绕的河流；西边是一大片平原，远远的才是万仙山，整个村子的土地平整、肥沃，一直是附近村民嫁女的最佳去处。

我的故乡不会嫌我丑。在外漂泊的我，到了羞于见人的时候，便扑向这块生我养我的土地了。

母亲当时已是76岁的高龄，身体还很硬朗，她不愿意和子女们在一起住，大哥便在老家盖了三层楼的小别墅，墙壁有一尺厚，为的是冬暖夏凉。家用电器也一应俱全，这应该是我们村当时最漂亮、最结实的房子了。还没进家门，我就看见院墙上缠绕着藤藤蔓蔓的丝瓜。已经过了丝瓜开花结果的最佳时期，瓜藤上却兀自悬挂着沉甸甸的老丝瓜，让人联想到收获，联想到成熟。哥哥指着丝瓜感叹：“世间万物真是奇妙，你看看这丝瓜成熟后，它的下端会自动脱落，好让丝瓜的种子随意降落在大地上。”我仔细端详，地上果然散落着星星点点黑色的丝瓜种子，黄色的丝瓜瓤已经干爽，随风摆动的时候，黑色的种子会快乐地降落。我捡起来一粒，不由自主就放到嘴里，好苦！哥哥笑着说："丝瓜的花供你观赏，果实供你品尝，瓤供你洗碗，你还不放过它的种子啊！"

我的泪潸然而下：故乡的丝瓜不会嫌弃我丑，依然在无私地为我付出……

院子的花池里种了四棵竹子，三棵西红柿，还有两架眉豆。虽然已到深秋，西红柿的枝桠上却依然垂挂着累累硕果，红色、花色、青色的西红柿都有。眉豆架上的豆荚更是热闹，扁扁的、弯弯的，像山村淳朴女子的笑，却如鞭炮般拥挤。妈妈说："你哥说明年花池里不让种菜了，只能种花。"我浅笑。妈妈种的菜也可以观赏呢！那丝瓜开起花来，一串串、一丛丛，能将整个院墙都占满，何况丝瓜不但营养丰富，收成也大，生长起来一天一个模样，四五口人的家庭根本吃不完，这岂是娇嫩的花朵所能比拟的？

我是否也该向眉豆、丝瓜学习，不仅注重外在的价值，而且注重实用价值呢？我陷入沉思。

房子的一楼二楼是客厅和卧室，三楼是孩子们的活动室。因为村子里的房子一般都是一层，个别房子也只有两层，所以，站在三楼向外看，村子的全貌一览无余。正是收获的季节，乡亲们将玉米或者垂挂在墙壁上，或者堆放在屋顶上，黄灿灿、沉甸甸的，搭配着房屋背后黛色的大山，煞是好看。

我忘记了自己的病痛，微微叹息：这是否是梦境呢？

我早就有一个梦想，等退休后寻山村一处小屋，守候宁静，享受阅读。现在看来，美丽的小楼就在眼前啊！

在故乡温暖的怀抱里，我找到了安全感，开始慢慢接受现状，接受自己的不完美。但是，这样的接受绝非消极被动，我只是不再抱怨，不再烦恼，却依然贴着丑陋的膏药，配合着医生积极治疗。

温馨提示

无论什么时候，故乡都是最能给我们温暖和力量的地方。一旦有了病痛，切莫忘记回到生养我们的故乡汲取力量。

6. 是养病，更是修炼

从故乡回来，我继续闷在家里养病，已经有一段时日了。不能上班，不肯见朋友，尽可能不看电视，不开电脑，不读书，不做剧烈运动……似乎一切令身心疲惫的事情都不能做。可以确信，我从来没有像那时那样清闲过，只怕以后也没有机会那样清闲。所以，一个朋友在邮件里说，是上天眷顾我、怜惜我，想让我好好休息，才生了这样的病……我默然！可能真的是这样吧！真要感谢上苍呢！

早上5点多起床，我照常给孩子做早餐。等他走后，也才6点40分，我便回到床上躺一会儿——只是闭目养神，睡不着的。7点多的时候，我再起床给孩子熬药，多数时候需要熬两个小时，有时候需要熬将近五个小时（因为有一种叫“商陆”的中药，有剧毒，必须熬三个小时才能将其毒性去掉，进而和其他的药混合在一起。我一般是一次熬三天的药，因此中间有两天不用熬“商陆”)，然后戴上大口罩去买菜。下午4点多，我开始蒸馒头、豆沙包、枣泥卷、素包子、南瓜饼、紫薯糕，还学会了做《红楼梦》里秦可卿病重时吃的山药枣泥糕……功夫自然是要做到家的，面要反复揉，馅儿要精心调，一心一意，自得其乐。只要有足够的耐心、细心、宁静之心，成果便会相当漂亮。

我一直坚信，能做好班主任工作的老师，在任何一个岗位上，都会有出色的表现。班主任工作多么需要耐心、细心啊！老天不让我上班，我便在家一边安心养病，一边相夫教子。甚至在蒸好一锅热腾腾的花色馒头后，我会洋洋得意地想：倘若做不成教师，以后卖面点也不错，照样能养活我自己。

在我们短暂的一生中，谁能知道下一刻发生的事情是什么呢？事情发生了，就坦然接受。不必埋怨，不必苛求。上天把生命赐予我们，本就应该珍惜，哪里还由得我们挑三拣四？

所以，我一直没有过于忧心自己的病，甚至在病情最严重的时候还思忖：倘若不能重新站在讲台上，我还能做什么呢？答案是：当个图书管理员吧！戴着口罩和学生接触也行。闲暇的日子，我还可以读书、写作，享受生活的惬意，这也许是因祸得福呢！或者当个专职作家，把自己对人生的体悟写出来。或者如前文所说，去卖面点也好，那热腾腾的南瓜饼、紫薯糕、豆沙包、油酥饼……掺和了耐心和爱心，怎会不受欢迎？

夜幕尚未降临，我便开始思考，晚上做什么饭呢？山药红薯小米粥，炒一个清淡小菜，再加上土豆饼，孩子应该喜欢吃。

土豆饼的做法很简单：将两个土豆切块蒸熟，去皮，趁热碾碎，放少许牛奶、白糖、鸡蛋液，顺着一个方向充分搅拌，最后放适量面粉，用手揉成一个圆球，两面粘上糯米粉，放进油锅里用小火炸成金黄色，又香又甜又糯的土豆饼就做好了。土豆是利于减肥的食物，土豆饼不吃油，想拥有苗条身材的朋友完全可以经常吃。

看一些禅宗公案，我知道得道的禅师认为吃饭、穿衣、劳作，甚至睡觉都是在修炼。现在的我似乎明白了其中的道理，我这样精心烹饪，从某种层面讲，也是修炼啊！

感谢上苍，让我有这样难得的休闲的机会。

感谢上苍，丰富了我的人生经历，让我有了更多的人生体验。

感谢上苍，在这样的修炼中，如今的我已痊愈……

温馨提示

1. 在积极治疗的同时，放弃抱怨，学会接纳自己的病痛、不完美，才是明智之举，更有利于康复。
2. 每当我们痛苦时，往往第一反应就是降低痛苦。但是，痛苦本身其实只是一个信号，它是告诉我们既然问题发生了，我们就应该去改变。如果只是一味地降低痛苦，逃避痛苦，那就是在逃避问题本身，这并不利于心灵的成长。

第十三章

独处——滋养心灵的良方

2014年1月17日清晨，我做了一个梦。

梦中的我早上来到一个熙熙攘攘的车站。车站里的车很多，人也很多，基本是坐满人以后车就出发。但是，就在上车的前1分钟，我忽然想不起来自己应该到哪一站下车，所以迟迟不敢上车。转眼间，车站里的人已经稀稀拉拉没几个了，我却依然想不起来要去的地方。我急急忙忙打开电脑，寻找电脑里的记录。但是，电脑死机了。车站里的工作人员说，接下来的车是半小时发一趟，如果我要坐车，肯定是有车的，但是我究竟在哪一站下车呢？

直到睡醒，我也没想起来。

我知道，这个时期，自己迫切需要的是独处，是认真梳理近期的思绪。

所以，起床梳洗后，我捧一杯清茶，倚窗独坐。发呆，久久地发呆。根据弗洛伊德的精神分析法，梦是潜意识欲望伪装的满足。那么，这个梦究竟是什么含义？它传达了我怎样的心声？莫非，我直到现在还不知道自己的人生目标何在？或者说，我本来知道自己的人生目标，却在近期又迷茫了？

也许是吧！

做梦的前几天，我到南宁和两位教育专家聊起我的近况，她们很忧虑地说："李迪过于逆来顺受了，或者是过于软弱了，没有斗志，却很有阿Q精神……"

我当时就问自己：我是不是真的过于逆来顺受了？也许，对生活中琐碎的小事，我是逆来顺受的；但对读书、写作、备课、上课，则是无论有多大的困难，我都会克服的。

我身边的人，想必知道我的执着。

但是，我是不是过于软弱了呢？我是不是受老子思想的影响太深？她们举出的例子是：当了这么多年的班主任，你在全国都小有名气了，竟然还不是“郑州市优秀班主任”！这是为什么？这是因为你传递给别人一个信息：无论周边的人怎么对待你，你都不会反抗……

果真如此吗？

我经受的挫折、磨难太多了啊！我早已把荣辱看淡。无论如何，日子还是要一天天过下去的，只要让我安心读书、工作，我就心满意足了——是的，我的要求就这么多！但这究竟是坚强，还是软弱呢？

当耶稣说出“敌人打我左脸的时候请再打我的右脸”时，是怎样的心情，他没有斗志吗，他的斗志应该是很强大的吧！

当苏格拉底被判死刑，却不肯为自己辩护时，是怎样的状况。当他在监狱里喝下毒药的时候，又是怎样的心情。

但是，朋友的建议无疑让我动心了。我甚至开始劝自己：是否应该换一种思维方式，或者换一种处事方式，应该变得有一点斗志了……

也许，正是这些建议让我彷徨了，正是这些建议让我迷失了自己，忘记了我的人生目标何在。

在做这个梦的前一天，有个朋友说他在主编一本书，建议我写一篇文章给他，他的原话是：“这样会扩大你在我们那个地方的知名度。”我当时哑然失笑，心想：“我要什么知名度啊！我一直都有归隐山林的愿望呢！”

在窗前独坐了两个小时，我再次明确了自己的人生目标：读书、写作、思考、教书，远离喧嚣，修身养性，再不被外界的名利所诱惑。

今天是2016年11月18日，时隔将近三年，我再次沏一杯清茶回首往事，很感激当年梦醒后自己深深的思索。人们往往把交往看作一种能力，却忽略了独处也是一种能力，并且在一定意义上是比交往更为重要的一种能力。反过来说，不擅交际固然是一种遗憾，不耐孤独也未尝不是一种缺陷。

和我持相同观点的人，绝非少数——

苏格拉底临死前说，“未经省察的人生没有价值”。

叔本华曾说，“谁要是不爱独处，那他就不爱自由，因为一个人只有在独处时才是真正自由的。”其实，叔本华在说这句话之前，所发的感慨是，“获取幸福的错误方法莫过于追求花天酒地的生活，原因就在于我们企图把悲惨的人生变成接连不断的快感、欢乐和享受。这样，幻灭感就会接踵而至……生活在社交人群当中必然要求人们相互迁就和忍让；因此，人们聚会的场面越大，就越容易变得枯燥乏味。只有当一个人独处的时候，他才可以完全成为自己。”

周国平曾说，“独处是人生中的美好时刻和美好体验，虽则有些寂寞，寂寞中却又有一种充实。独处是灵魂生长的必要空间，在独处时，我们从别人那里和事务中抽身出来，回到了自己。这时候，我们独自面对自己和上帝，开始了与自己的心灵以及与宇宙中的神秘力量的对话。一切严格意义上的灵魂生活都是在独处时展开的。”

挪威的南森曾说，“人生的第一件大事是发现自己，因此人们需要不时孤独和沉思。”

我想，一个灵魂有香气的女人，必定是习惯独处、喜欢和内心对话的女人。她的独处，并非是一种清高与格格不入，而只是心灵休憩的方式。

让我们想象一下……

在繁忙的工作后，不看电视，不刷微信，只是独坐一隅，听一段舒缓的乐曲。让心在乐海中泛舟前行，哀伤也好，激昂也罢，一任乐曲醉了柔柔的情怀，触了软软的心弦，在音乐中看到自己的故事，哪怕暗礁连片，波涛汹涌，生命的方舟却不会搁浅……

或者，和学生谈心结束后，冲一杯咖啡，搅动浓浓的漩涡，以“平静”为杯，“惬意”为水，在温暖的冲击下，微笑着静品，齿颊留香，明白教育生活就是这样，苦中有甜，甜中泛苦，需要耐心和等待……

当然，有时我们也可以如脱笼之鸟，从工作与家庭的“围城”中释放自我，找寻一处心灵的世外桃源。像婴孩一般的天真，让自然的清新拂去我们身心的疲惫。待整个人都焕然一新后，再以最佳的状态回到自己的“围城”……

当然，我最喜欢的独处，是与文字亲密相拥。倚卧床头，一束微光，书香拂面，醉入心间。与文字对话，听智者言辞。一句话，一种哲理；一纸文，一份忠告。让自己在知识的滋养下长成一棵葱茏的树……

灵魂有香气的女教师，一定是一个有真实存在感的女人。她长得漂亮与否是次要的，关键是要有灵气。而这灵气，不是来自聊天、逛街、购物、玩手机、看电视……她热爱生命，经常闭上眼睛去感受自己每一寸肌肤的存在；她珍惜时间，告诫自己要将每一分每一秒都用来修炼；她善于冥想，内心有无数个关于生活、工作、学习的美梦，并能从中汲取能量；她清楚地知道自己内心深处的渴求……

就这样，在独处中滋养心灵……

1. 心灵的巢——走向大自然

我在无意中发现了——我心灵的巢。

如果不是秋天的阳光格外和煦、明媚，如果不是天空格外高远、广阔，如果不是大地的色彩格外丰富、绚烂，我不会独自一人跑到郊外，痴痴地欣赏绿的深沉、红的热烈、黄的灿烂，贪婪地享受草的绵软、风的柔和、心的慵懒。

并非学校附近没有散步的地方，但我需要的是独处。我一度紧张的灵魂在人山人海的市内公园难以尽情漫游、飘扬。眼前的景色却极妙！正值中午，静静的、暖暖的，只偶尔传来一声鸟鸣，带着对孤身女子的好奇和欢迎。

早上出门时，我并没有到野外散步的计划，所以还是穿着一身职业装。细高跟鞋踩在木板桥上，摇摇晃晃，若有人看见，必会替我捏一把汗。但我不怕！似乎还在盼望着摔倒在水里，好像被拘束太久的人渴望闯一次祸。河里的芦苇已经被剪除，只剩下短短的芦根，整个花园因此开阔了许多，远处天鹅湖的雕塑也生动清晰了起来。沿着弯弯曲曲的小道，在小山头的亭子里歇息一会儿，复转到绿地上。如此漫不经心地浏览着秋景，收获着秋阳，就发现了一个我从没到过，却久已向往的角落：一丛丛红得让人心醉、振奋的红叶梨，将远处的小山、河流隔开，阳光毫不吝啬地洒下来，好温馨、好安逸、好芬芳、好沉静的角落，像一个“摇篮”，在等待着有心人、有情人的到来。

“这里的草必定也是欢迎我的！”我暗暗对自己说。随意坐在“摇篮”里，聆听清风的叹息，秋虫的呢喃和落叶归根的愉悦呻吟，我打开MP3，耳边响起略带磁性的男声朗诵：“遥远的岁月里，我们是两只初懂世事的类人猿，走过了虎啸狼嚎的山野丛林，趟过了一道道的河流，来到了一片平坦肥沃的原野。我们在一棵大树旁，搭建了一座茅屋。我们钻进茅屋里，欣喜地打量着这个温馨的小天地，忍不住紧紧拥抱在一起，热情地欢呼起来。这座茅屋就是我们栖息的地方了。我们把这座茅屋称为‘我们的巢’。你采来了鲜花和青草，编织成缤纷的花环装饰‘我们的巢’。我用了整整三天的时间，用石刀削出了一块木板，刻上‘天地我你’四个字，挂在茅屋里。我们击掌为誓，要在这里相伴着度过我们生命里剩下的岁月，不离不弃。我们把‘我们的巢’收拾得温暖而整洁，厚厚的干草就是我们的床，你唱出的歌谣就是我们的音乐。静谧的夜晚，皎洁的月光和璀璨的星辉就是我们的灯……”

泪珠儿盈满眼眶，心儿柔柔地疼痛。“我们的巢”——多美的意境！一定如我所在的这个角落一样温馨。如果可能，我愿意抛弃尘世一切繁华，拥有一间简陋的“我们的巢”。许是今天的散心太过宝贵，许是今天的放松太过奢侈，许是敏感的我本就多情，我只恨自己以前何以那么匆匆，竟不知道人世间还有如此美的——巢。

柔软的、灵敏的心，从没被如此彻底感动过。

我愿这片小小的不为人知的地方是我心灵的巢，是我心灵的栖息地；我愿常来这里舒展自己的心灵，不带任何尘世烦扰。那富贵的、华丽的、辉煌的、热闹的，都远去罢！我只要，我心灵的巢！

事实上，有谁不需要自己心灵的巢呢？

温馨提示

1. 虽然人是群居动物，迫切需要彼此相依相伴，但是无论人与人之间有多么密切的关系，都不可能改变人生而孤独的事实。如果我们懂得享受独处，或许就像陶渊明在《归去来兮辞》里写的，即使是坐在自家小院子里喝一杯茶，或到后山去散一散步，也会觉得万物可喜，欣然忘归。
2. 真正的思考常常是在你独处的时候。没有独处习惯的人其实挺可怜的，就像没有双脚的鸟。
3. 女人一定要有自己独处的时间和空间，可以在一个冬日的午后，或者春暖花开的早晨，选择一个温暖、宁静又安全的地方，独自走向大自然，深深感受大地的厚重，激发我们的感恩之心。
4. 在野外独处的时候，一定要提高警惕，注意人身安全。

2. 享受孤独——与心灵连接

凝视着自己写下的文章标题——《享受孤独》，我难以说清楚内心的感触。前不久，带着几分酸涩、几分感慨、几分无奈和几分悲凉，我搬到了陋室里办公。

这是我们教室隔壁的一间空房子。因为教学楼和办公楼相距较远，老师课间没地方休息，领导就把它当作教师课间休息室。但是，它虽名为休息室，里面却既没有空调、电话、开水，又没有完好的桌椅板凳。冬天如冰窖，夏天似蒸笼。所以，多年来少有人光顾。没有人气和生气的小屋，更不招人喜欢了。2006年，我因排练女生小合唱，需要一个场地，学校领导便给了我这间屋子的钥匙。我开门进去，只觉地板上的灰尘足有铜钱那么厚，空气里弥漫着阴冷的灰尘气息，让人不禁有苍凉凄惶之感。在那个寒冬腊月的午后，我带学生认真擦洗了地板和残缺不全的桌椅，小屋才清爽了很多。但以后我每次进去，依然需要鼓足勇气，穿上最厚的羽绒服。

然而，等小合唱排练完毕，我竟然对这间冬冷夏热的陋室有了感情。2007年春，办公室接连增加三位老师，我的办公桌直接被挤到了门口。我背对着办公室的大门办公，时刻被来往的人关注的感觉并不好受，于是我决定搬到陋室里读书、学习，以守住自己安静的灵魂。

搬离原来的办公室后，我的心情果然平静了。我没有感觉到自己和同事们隔绝了，因为我离学生更近了，每天和他们泡在一起，歌唱、跳舞、谈心……但我又似乎已经和同事们隔绝了，因为我远离了领导、同事，也远离了竞争。“卖鱼生怕近城门，况肯到红尘深处？”我不愿意想那么多是是非非、恩恩怨怨，不愿意给任何人造成压力。我一直感觉，这样丰富的安静才是自己一向追求的。安静，是因为我摆脱了外界虚名浮利的诱惑；丰富，是因为我拥有了内在精神世界的宝藏。我多么希望身边的人都把我忘记，给我自由，给我时间，让我静静思索班级出现的种种问题的根源，让我沉下心来阅读早就该读的书籍。我早就想好了，若有人对我的成绩不服气，想将我比下去，我认输就是了，我举手投降就是了，“愚的是我，贤的是他，争什么？”

我原想自己这样的心态和处事方式，不会惹得任何人不满，却不料事情的发展往往不那么尽如人意。

一切自然都是有因的，所幸周围的人本质是善良的。但我已经固执地认为，小屋是我的避难所，而小屋自身也因为我的光顾而变得温馨了。其实，凳子依然是那么破旧，不过我在上面套了很漂亮的坐垫；桌子依然没有抽屉，不过我摆放了书籍、手工折花和镜子等充满书香又柔情的物品；墙壁依然惨白，不过我在上面张贴了自己喜欢的格言；屋子依然冷清，不过我在这里养了很多兰草为伴。我本是个活泼开朗的人，如今因痴迷写作和阅读，竟越来越渴望独处了。从心理学的角度来讲，人需要独处，是为了整合。所谓整合，就是把新经验放到内在记忆中的某个恰当位置上。唯有经过整合，外来的印象才能被自我所消化，自我也才能成为一个既独立又成长着的系统。

这么说，我是否一直有整合自己的渴望呢？

昨天看网友刘成老师的文章《未名苑》，刘老师谈到未名苑（一个鲜为人关注的小花园）时说："一生之中只管夯实生命的厚度和深度，把人生的价值和意义掩藏于无名之下，静静地等待着每一道欣赏的目光！这或许就是未名苑的座右铭吧！"

看完此话，我一时感慨万千，回帖说："大多做出有价值事情的人，似乎必须靠孤独来成全。名声、喧嚣、热闹也是我们所喜欢的，但是，比热闹、名声更重要的，是要找回我们自己，为心灵保留一个自由的空间，为自己保留一种内在的从容和悠闲，就像未名苑一样……"

看见刘老师帖子的时候，我刚刚搬回到大办公室，那里温暖如春，办事方便，莺歌燕舞，人声鼎沸。但是，在那里我的工作效率非常低。我不能容忍自己这样虚度年华，于是沉思良久，又搬回了冰窖般的陋室。

"独坐幽篁里，弹琴复长啸。深林人不知，明月来相照。"在这参禅一般的清静孤独中，普通、平凡的我，会产生一种与宇宙融合的"忘形的一体感"，一种"与存在本身交谈"的体验。有了这样的体验，又何必在意身边人的误会、嫉恨和外界的飞短流长呢？

就是在这间陋室里，我写出了《做学生欢迎的班主任》等三部书稿。

温馨提示

1. 教师心灵的成长，是需要寂寞来成全的。
2. 一个灵魂有香气的女教师，在单位里的人缘也许不是最好的，但一定是受人尊敬、被人称道的。
3. 从心理学角度讲，害怕独处的根源，是儿童早期缺乏安全感。比如，当你小时候持续被要求走开，或者因为你做错事而被赶出房间时，孤寂感就比较容易产生。此时你可能会把"孤立"与"不好"关联起来，"他们不喜欢我的时候叫我走开，所以当我被孤立的时候，我是不被喜欢，也不值得被喜欢的"。如果你无法战胜被孤立的恐惧，你就无法真正地享受孤独。

3. 下雨天，读书天——与文字相拥相伴

窗外下着多情的绵绵细雨，一卷在手，神游其中，间或望一眼满窗湿润、碧透的树叶，我的心忽然变得温暖而又柔软，还夹杂着丝丝缕缕想说却又说不出来的甜蜜的伤感。

这样的日子，很值得一过呢！

把手中的书掩起来，索性坐在窗下看细雨蒙蒙。肖川博士曾说，“说到读书，对于内心丰富而又敏感的人，还是要禁不住怦然心动的。”这话我爱听，因为我常常迷失在一本书里，或者击节叫好，或者泪眼婆娑，或者拍案而起。这是否说明，在这个物欲横流的社会，在这个人心麻木的年代，在这个强调“快餐文化”的空间，我还保持着自己内心的丰富和敏感呢？也许，热爱读书的人，都容易动感情。一篇文章也好，一本书也罢，读着读着，不是抹眼泪，就是“暗恋桃花源”了。爱上他，当然也许仅仅是爱上了他的文字。这样的爱，是一种带着残缺的美，是胜过滔滔雄辩的沉默，也是最崇高、最纯洁、最甜蜜的情感。

心情少有的平静，情绪少有的放松。难道是再也没有压力的缘故？昨天参加“名师”答辩，我在考场的状态不好，反而让我获得一种释然——再也不会担心有人来干涉我必须写什么样的文章了；再也不必担心自己还有什么指定的任务没有完成了（因其他方面成绩较好，我的“名师”考评最后还是通过了，这是后话）。其实心灵的自由才是最重要的。以后的日子，我就要这样过：拿出自己最钟爱的书，泡一杯绿茶，在袅袅清香里，倚于窗前，或坐下来抚一把流苏慢摇的檀香扇，或握一只活色生香的陶茶壶，或干脆合着一曲管弦缠绵的《高山流水》，就这样去读，全身心地去读——什么都可有可无了。如此纵观古往今来，神游物外，增长知识，陶冶性情，滋润生命，抚慰心灵，扩大智慧和见识，远离追名逐利。这样的日子简直要赛过神仙了啊！说什么金钱？“金满箱，银满箱，转眼乞丐人皆谤”。说什么荣誉？“因嫌纱帽小，致使锁枷扛”。

好多人看我的文章，总感觉我的性格太过乐观，文字太过幼稚，像中学生作文。我不明白，如果我们能感受到生活和工作中的轻松惬意，为什

么非要把自己描写成苦大仇深的样子？事实上，敏感的我，对书中的喜怒哀乐，都有深刻体会，不过那七情六欲更加净化了我的灵魂，拓展了我的视野，让我将目光投放到了更远大的天地。古人“幽窗夜自吟”的充实安详的心境，才是我要追求的。我追求的就是这种悠然、超然、淡然，我品尝的就是这种书魂、书香、书韵。当然，还有因爱他的文字，而爱上文字的作者的甜蜜和忧伤。

温馨提示

1. 独处阅读时，将自己收拾得干净漂亮，再沏一杯清茶，很有必要。这种美能感动、感染身边的人，还能滋养自己的内心。
2. 其实无论读什么书，你都能读到自我，这种对话广泛、深入，而且有意思。看电影也一样。还有爬山。幽静的自然环境可以洗涤身心，攀爬的过程能实现自我，获得满足感。发呆也不错。我们可以看着一片蜘蛛网无边无际地想象、思考。翻老照片、回忆等都可以是独处的方式。除此之外还有写作，最好是没有目的地写日记，只写给自己看，想怎么写就怎么写。时隔几年回头看，会被自己当时的细腻所感动。这是宣泄压力、净化自我最好的方式。

第十四章

感恩——提升人生的幸福指数

近来整理以前写的文章，发现2014年2月17日我的日记，记录如下。

一早醒来，发现窗外飘着雪花。不禁感叹：马年的雨雪还真多，这是开学第一天呢！

中午吃完饭回到办公室，我打开电脑，看见QQ群里有一个叫“诗意人生”的老师的留言。

问：开学第一天为什么阴雨绵绵？

答：1.揭示了故事发生的背景；

2. 渲染了悲凉的气氛；

3. 与假期的春光明媚形成鲜明的对比，暗示了主人公内心的凄凉；

4. 揭示了凄惨的社会环境；

5. 预示着主人公悲惨命运的开始……

我不能不承认，自己一向是颇叛逆的。当世人都说月亮是银色、红色，或金色的时候，我可能偏偏要想办法去证明，月亮有时候可能是绿色的。今天看了“诗意人生”的一问几答，我不禁微笑，一时兴起，也写了几句。

问：开学第一天为什么细雨如酥？（偏要把阴雨绵绵换成细雨如酥）

答：1.揭示了故事发生的背景；

2. 渲染了诗情画意的气氛；

3. 与假期的喧闹热烈形成鲜明的对比，暗示我们面对教学工作及学生问题，需要宁静、安详的心态；

4. 揭示了润物细无声的妙处；

5. 预示着春姑娘的悄悄降临，嫩嫩的、绿绿的小草即将破土而出。

歪着头再想一想，我确实是这样认为的——虽然我在向窗外看的第一眼曾感叹：下雪了？今天是开学第一天啊！不过这样的感叹是不带悲观色彩的。我早已想明白：无论你喜欢不喜欢，春雨都降落了。何不带着欢喜去欣赏？无论你高兴不高兴，新学期都开始了。何不高高兴兴地去面对？

同理，我可爱的学生啊！无论你愿意不愿意，都长大了，你必须离开父母来求学。那就好好地听课吧！

开学第一天的第一节课，是三班的课。学生似乎还没进入状态，课堂氛围不太好，因此我如是祈愿……

时过境迁，再次翻阅日记，我自问：面对同样的一场雨雪，我和网友“诗意人生”却有截然不同的感悟，为什么？

这其实是一种“投射”。

“投射”一词在心理学上是指个人将自己的思想、态度、愿望、情绪、性格等个性特征，不自觉地反应于外界事物或者他人的一种心理作用。当我们内心充满烦恼、焦虑不安的时候，所见所闻，无一不呈现“寻寻觅觅，冷冷清清，凄凄惨惨戚戚”之状，故事情节的发展，必会“梧桐更兼细雨，到黄昏，点点滴滴”；反之，当我们内心欣喜、富足，怀有感恩之心，看见细雨绵绵，便会萌生“好雨知时节，当春乃发生”的赞叹，故事情节的发展，自然是“随风潜入夜，润物细无声”。

你是愿意哀叹、抱怨呢，还是愿意欣喜、感恩呢？

科学家在神经化学领域的研究中发现了这样一种现象：当人心怀感恩、善念，积极思考时，人体内就会分泌出有利于细胞健康的神经传导物质，免疫细胞也变得活跃，人就不容易生病。正念常存，人的免疫系统就强健；而当人心存恶意、负面思考时，就会激活另一种神经系统：负向系统被激活启动，而正向系统被抑制住，身体机能的良性循环就会被破坏。

所以善良正直的人往往更加健康长寿。积极、乐观、有感恩心的教师，更容易体验到职业幸福。

昨天，我在网上听鞠强教授讲《管理心理学》，他有一个章节专门讲“感恩心是好运气的核心”，他认为感恩心强的人会用潜意识沟通调动周围的社会资源帮助自己。其实我自己也有这样的感受：我们每个人相对于他人，都是一个小小的环境，都有一个“场”。比如，课外活动时，老师们都在一个办公室里休息，忽然进来一个性格活泼乐观、说话幽默的张三老师，办公室里的氛围马上就会变得更加轻松活泼；反之，如果进来一个冷峻、严肃、不苟言笑、满面愁苦的李四老师，大家马上能感觉到一种压力和束缚，原本欢歌笑语的办公室瞬间会阴云密布。其实，张三和李四都没有说话，但是为什么他们的到来，给人的感觉会不同呢？

这是因为他们内心的念头不同导致自己形成的“场”不同，于是，给人的感觉就不一样。

一个内心充满感恩、喜悦的人，他所带出来的“场”能让人感觉到：帮助他会很有价值感，和他在一起很舒服。这样人人都愿意帮助他，都愿意和他在一起。久而久之，他的运气就会越来越好。

我常常在迎接新生的第一周，就和学生探讨一本名为《水知道答案》的书：当水接触到感恩、慈悲、博爱、幸福、鼓励这些良性资讯时，水结晶会呈现出绚丽、美妙而牢固的形态构造；而当水接触到抱怨、仇恨、丑陋等负面资讯时，水结晶的构造会变异、扭曲，甚至会彻底涣散无法成形。

水是生命之源，人体内70%以上的物质都是水，当人处于不同的状态时，其身体机能就会发生相对应的变化。

你愿意给自己的身体什么样的资讯呢？

我们来回忆一些切身体悟：你是否一看到“哭”这个字，忍不住就难受想哭；看到“笑”这个字，忍不住就嘴角上扬；看见“美丽”就心情舒畅，看见“丑陋”就觉得遗憾，看见“癌症”的“癌”就内心恐惧……

很多人一开学就郁闷、悲观、失望，看见细雨就哀愁，提起上班就悲痛，他们的语言带来的“场”就会充满负能量，不但他们的情绪会越来越糟，和他们交流的人也会感觉到不愉快。

让我们做一个内心充满感恩、喜悦的女教师吧！

1.“布施”

初为人师时，曾有学生在课堂上问我：“老师，将来有一天，您会不会和李叔同一样出家，或者皈依佛门，做佛门俗家弟子？”

我淡淡一笑，反问说：“你怎么会有这样的想法？”

学生若有所思地说：“听您讲李叔同的生平，我忽然就冒出了这个念头。我有一个预感，将来您可能会成为佛门弟子……”

时隔多年，没想到，我真的对佛学有了兴趣。

也许世界上本来就有那么一种人，他们对自己所从事的事业有一种宗教般的情怀——我一直认为自己就是那样的人。无论有多少年的工作经验，面对讲台，面对学生，我总会油然而生一种敬畏感。虽然现在我常到全国各地开讲座，虽然每次讲课主题变化不大，但我总是早早赶到会场等候听课老师。也许有人会觉得我不像一个名师吧！但我就是这样自信满满又心怀虔诚和敬畏。我想，对工作、对讲台、对学生、对同事……心存敬畏的人，是很容易被佛学吸引的。

在这里我并非让读者朋友们去信佛，而是觉得佛学里哲学层面的理论很有道理，在生活和工作中都值得借鉴。

在我说了感恩心是好运气的核心后，有人问：“我知道感恩心很重要，但是，我怎样才能拥有感恩心呢？感恩似乎并非只是口头上说‘谢谢’就可以的吧！”

是的！如果一个人只是口头上不停地说“谢谢、谢谢”，而内心深处依然刻薄寡恩，他散发出来的气场肯定也是刻薄的，是大家不喜欢的。

那么，怎样修炼自己的感恩心呢？

首先，就是学会“布施”。

很多人认为“布施”就是向寺院捐献财物。其实，“布施”分为“财布施”和“法布施”两种。“财布施”是捐献财物，却并非只局限于向寺院捐献。我初为人师时，很多学生的年龄和我相差不大。当时他们家境贫寒，每年入冬，我便常常将自己穿过的半新的棉袄、毛衣之类送给学生。现在随着年龄的增长，我和学生的父母年龄相差不大了，我会留心班里比较贫困的学生，在他们放假的时候，委托他们把我不穿的一些衣服带回去，告诉他们随便给村里某些需要的人，这样也算是物尽其用。我当班主任时，会记下每个学生的生日，并在他生日那天，亲手煮一个鸡蛋送给他。我的工资不高，但一旦有了帮扶贫困孩子的机会，我会力所能及地捐些财物出去。这些做法都叫“财布施”。

而我们教师做得更多的，应该是“布施”的另一种方式——“法布施”，就是把自己的知识技能、聪明才智，毫无保留地奉献给他人，奉献给社会。

教师要做到这些，其实是很容易的。只要我们发自内心地爱学生，希望学生健康快乐成长，分享一些做人的道理给学生，而不仅仅盯着他们的分数，他们便会很感激。

平日里，有很多人劝我：“你已经出版了九本书，发表了几百篇文章，可以歇息放松一下了，何必让自己那么累？你出版九本书，和出版十九本书有什么区别？你发表几百篇文章，和发表一千篇文章有什么不同？”

但是，我就是觉得自己身上有一种使命：既然我有能力表达自己的思想，我就必须把自己在教学、生活中的感悟写出来给老师们看，讲出来给老师们听。否则，我就对不起上苍赋予我的语言表达能力（即佛学中的“语言般若”）。

这种写作、讲课等，其实是一种“法布施”，其功德甚至要远远超过“财布施”。

同时，如果我们能常学习、常反思，并把自己的心得告诉学生，自己内心就会涌现出自豪感和自我价值被实现的感觉，运气变好的同时，我们还能体验到职业的幸福。

根据马斯洛的“需要层次论”，人最高层次的需求，是自我价值实现的需求。有心理学家实验证明，经常实现自我价值的人，更容易长寿。

我所敬佩的资中筠、叶嘉莹等优秀女士，她们八十多岁还在写作，还给学生讲课，杨绛先生更是年过百岁还有文章发表……据说，叶嘉莹先生八十岁时，已经行动不便，但她每次讲课都站着，她说她这样做，表达的是自己对诗词的敬重。我却从中看到她们之所以长寿，是因为那质量颇高的“法布施”，能让她们体会到人生价值被实现的愉悦。

温馨提示

1. 教师有进行“法布施”最便利的条件，以后就让我们在课堂上不但传授知识，还注重学生健全人格的培养，做一个懂感恩、运气好、灵魂有香气的女教师吧！
2. 让我们拥有感恩的心，并不是仅仅表现在不停地说“谢谢”上，而是从内心深处认为自己应该感谢生活、感谢身边的人，甚至感谢太阳给我们温暖，感谢月亮给我们浪漫，感谢山水万物给我们的滋养等。

2. “爱语”

我的家乡有一种风俗：女婴出生后，尽量不让她平躺，而是侧卧。我的母亲严格遵守古风，所以我的头型不好看，后脑勺不平，导致现在留发型很受限制，总觉得不够高贵、大气。深受其痛的我，在怀孕的时候就暗想：无论生的是儿子，还是女儿，我一定要让孩子把头型睡好。

儿子出生后，我顾不得自己产后身体虚弱，用毛巾包了一本书做成小枕头，在他睡觉的时候，我或者一动不动地扶着他的脑袋，或者在他的脑袋周围放上小褥子、小衣服之类固定……百日后，儿子的头型果真完美无缺、非常漂亮。我带他到学校去，遇到一个同事，她看见孩子的头型，大惊小怪地说：“啊呀！这样的头型早就过时了！你怎么让他睡成这样……”另一个女同事也嘻嘻哈哈笑说：“是啊是啊！现在都不流行这样的头型了，你让孩子睡成这样的头型，让人看着很弱智……”

就是这一个“弱智”，让我记忆到如今。也许她们会说自己是“刀子嘴、豆腐心”，但再怎么说，“刀子嘴”也是刀子啊！是刀子就会伤人的。

她们说了，然后立即就忘了，可是我难受至今。

还有的女士看见别人买的新衣服，会说："哎——我去年在某某商场也看见这款衣服了，你这件是老款吧！你怎么买了去年的款……"让你兴高采烈的心瞬间拔凉拔凉的。

凡此种种，都是我们此文的反面教材。

心存感恩的第二个修炼，是"爱语"。"爱语"一词，源于佛学的四摄法。就是让我们平时多讲一些关怀别人的话，无论是同学、朋友、同事，还是姐妹、夫妻、师生之间，言语不要太冲，不要太直接。

比方有一对夫妻，先生乱吃东西，久而久之会影响身体健康。太太一看就沉不住气，马上开骂："你咋不去死呢？你吃这个以后会得高血压！你吃这个以后会得糖尿病……"先生听了很生气，会怎么说？"我得糖尿病，不关你的事。"所以，太直接的话会起反作用。妻子明明是关心丈夫，为什么不好好说，让他听了心里舒服、能接受呢？你可以告诉他："亲爱的，你的健康是我一生的幸福，是孩子一生的保障，所以你吃东西要特别小心……"就算这个男人是铁石心肠，听了这温言软语后也该被软化了。

前段时间，我读到一篇文章《你不是性格直爽，你只是自私》，文中控诉那些心直口快、伤害别人的人：因为"直"，就可以为所欲为口无遮拦；因为"直"，就可以信口开河发泄积怨；因为"直"，所有人都该为他的"不虚伪"让路；因为"直"，所有唐突冒失措辞不当都应该被原谅……这才不是什么真性情，才不是什么单纯率真，更不是什么坦诚直率。这是自私的表现，说话不经大脑，无视他人感受，不克制情绪，不顾及影响，肆无忌惮地只图自己痛快……

我看了这篇文章，简直要拍案叫绝。以尊重和善意为前提，才有资格谈直爽和率性。那些自诩为直性子，打着"心直口快"的幌子去无所顾忌地伤害别人的人，其实是自私的人。

上初中时，我下课后在认真背书，邻村一个女孩子走过来说："别学了！再学你也考不上大学的……"我为此哭了一晚上。别说我小肚鸡肠，我到现在都还记得她当初说我的样子。

参加工作后，我开始写班级日记，在同事逛街、午休、聊天的时候，我见缝插针地写。有人阴阳怪气地说："哎呦，还真打算当作家呢……"

我可以确信，说这些话的人，运气都不会太好。因为，他们就是见不得别人努力的样子。别人的努力，可能刺激到了他们贪图安逸的神经，让他们产生焦虑，让他们不能安心虚度时光。在潜意识里，他们对自己也是否定的，他们不可能有真正的快乐。

温馨提示

1. 我们有责任让身边的人快乐、幸福。无论是朝夕相处的亲人、同事，还是萍水相逢的路人，我们都没有权利去伤害他们。
2. "爱语"并非让我们见风使舵说甜言蜜语，而是能够真诚善意地站在他人的立场，说出让对方舒心的话。

3. "利行"

一天，我到一个班级上课。这个班的班主任很年轻，性格温柔，说话腼腆，而且是中途接班。

预备铃响后，我提前走进教室，只见班上一个很强势的女孩子（班干部）质问班主任："老师，今天下午全校是不是要打扫卫生？"老师慢慢地弱弱地回答："是的。"学生说："那你怎么不告诉我们？别的班主任都提前告诉自己的学生了。"老师一下子窘了，我在旁边也很窘迫。学生继续很没有礼貌地训斥："以后遇到这样的事，你要操点心，早点告诉我们。"老师很气恼，却不说话，半天才回答："好的。"然后低头走出了教室。

我一时尴尬，不知道该怎么开始自己的课，只假装什么事情都没有发生，却在心里暗暗告诫自己："瞅准机会，一定要告诉这些孩子，做事要讲究'利行'。"

"利行"是修炼感恩之心的第三种方式，就是常常做对别人有帮助的好事。比如，人往往会很健忘，所以我们要常常帮身边人记住一些重要的事，做温馨提示。

这个性格强势的班干部，其实是一个责任心强且有一定领导能力的学生，她在预备铃响后谴责班主任的做法显然是不正确的，会降低年轻班主任的威信，且挫伤老师的积极性。如果我当场批评，班干部必定恼羞成怒，班主任也会更加委屈尴尬，这也算不得“利行”。

所以，我把关于“利行”的言论放到下次上课的时候谈，如此对这个强势的班干部的针对性弱一些，她可能会听进去我的劝告。

同时，我可以瞅准机会找这个年轻教师谈心。我要告诉她，遇到强势的学生冒犯我们时，我们一定要学会给自己找台阶下。比如，如果学生这样质问我：“今天下午全校是不是要打扫卫生？”我会马上说：“啊呀！对不起，老师忘了这件事了。谢谢你提醒了我，真的谢谢你啊！否则咱们班同学不知道这件事，可就大事不妙了。同学们，让我们一起鼓掌谢谢这位同学的提醒。”这时候，这个女孩子还好意思继续质问老师吗？肯定就不会了。然后，下课以后，我会把女孩子叫到办公室，很真诚地说：“老师谢谢你这么为我们班操心，这么替我考虑问题。不过，老师也是人啊！你当着那么多学生的面质问我，我觉得很不好意思。以后如果我哪里做得不好了，请你偷偷地告诉我，好吗？”这样，学生不但学会了与人交往的技巧，而且会成为老师工作上的小帮手，甚至是忠实拥护者。

这才是最完美的“利行”。

温馨提示

1. 当我们“布施”“利行”的时候，最好不露痕迹，润物无声，不要让接受帮助的人感受到我们的优越感，不要给接受帮助的人带来压力。
2. 无论对方对我们的好心持怎样的态度，我们都不必生气。

4. “同事”

修炼感恩心，不仅要修“布施”“爱语”“利行”三种方便法门，更进一步要和光同尘，随其所乐，行“同事”摄。

我个人理解，“同事”就是能够理解别人为什么这么做，怀一颗宽容之心待人，以减少自己的怨恨。

十年前，我带的一个班级，曾在短短一个月内发生了三起盗窃案。各种迹象证明，行窃者就是我们自己班的学生。同学们一时怨声载道，我被迫展开调查。仅仅三天时间，钱就被追了回来，但是，所有人都不知道行窃者是谁。因为我故意设置了种种障碍，让同学们猜测不到是谁偷了钱。也正因为我的障碍设置得好，家长才积极配合，劝说孩子还了钱。当时，无论是家长还是学生，都对我千恩万谢。但是，这个孩子毕业五年后回到母校，见到所有教过她的老师，都很亲热。唯独见了我——她当年的班主任——冷冷的，她的表现令其他老师颇为费解。

我能理解她的行为，因为，我是这个世界上唯一知道她曾经偷钱的老师。其实，她厌恶的不是我，而是她曾经偷钱的行为。当我想清楚了这些事，就不会有任何失望、怨恨。这就是“同事”。我不认可她的做法，但我理解她。所以，我不会生气，我不会拿着她的错误惩罚我自己。这样我的内心就是喜悦快乐的，这就是对自身感恩心的一种修炼。

温馨提示

1. 当我们感叹自己“好心没好报”的时候，一定要想想，是不是自己没有做到“同事”。
2. 修炼一颗感恩的心，除了“布施”“爱语”“利行”“同事”，还要清心寡欲。

第十五章

修行——向美而生

2015年，我当选为“河南最美教师”。2016年教师节前夕，我作为首届“河南最美教师”的代表之一，参加了第二届“河南最美教师”的评选、颁奖活动。一年的时光，让我逐渐感觉到，尽管有些人还在纳闷当初我何以被评上“最美教师”，却有越来越多的人认可我的观点：美更多的时候是一种生活姿态或人生状态。相应地，教育也应该具备创造美、传递美的特质。教师当以自己的美，引导学生去感知美、了解美、热爱美、追求美，进而帮助学生成就美丽的人生。所以，每一个教师都应该美美地活着——真真切切、生动活泼、神采飞扬……

1. 与寂寞相互啃噬

1994年夏，烈日炎炎，蝉鸣声声。

孑然一身的我到郑州市科技工业学校（当时叫郑州市四十六中）报到。满眼黄土飞扬，路边是蒙着厚厚灰尘的废品收购站和农田。所谓的学校，只有孤零零的一座教学楼，地面没有硬化，到处杂草丛生……

我的心情低落到了极点。

领导安排我住在学校油印室——一个不足六平方米的楼梯间。楼梯间的窗户被封闭了，屋里充满油墨味，却没办法通风。一进门只能站到桌子边，桌子上放着古老的手推式油印机，剩下的地方仅够伏案读书，还要特别小心别让油墨污染了衣服。紧挨桌子的，是一张单人床，一半儿搁在楼梯台阶下，另一半儿稍微高一些，也仅限于站立时，不至于被天花板碰了脑袋。午休的时候，听学生上下楼梯，我的感觉是他们一会儿咚咚咚踩着我的身子上去了，一会儿又咚咚咚踩着我的脑袋下来了。我嫌房间阴暗，便在床周围的墙壁上贴满了旧挂历的美人画。如此，挂上窗帘，屋子里才显得温馨了一些。

这是一所位于城乡结合部的初中，每天下午放学后，整个校园里空荡荡的，除了门卫师傅一家，就只剩下我一个人。没有电视，没有电脑，没有手机……我只好与书籍为伴。好在时间能让人习惯一切，不久，我就习惯了白天上班晚上看书、无人交流内心充实的宁静。如水的月光透过窗帘洒进小屋，一片清辉能在瞬间涤荡我所有的忧伤，也柔和了我对家乡幽远绵长的思念。我的灵魂开始了新的旅程，我能感觉到自己内心的空灵。后来，我总是开玩笑说自己想出家，听者皆不相信。但我知道自己当时的生活，就如同在庙堂里一般。也就是从那个时期起，我感受到阅读于我，不是辛苦，而是享受。不过，享受阅读需要一种寂寞的境遇，而寂寞本身并不容易获得，因为人性中天然有不甘寂寞的一面。将书籍当作朋友的人，多半和我一样，是被环境所限制，不能依靠人际交往来排遣寂寞，才会在啃噬寂寞，或被寂寞啃噬的过程中选择与书籍做伴。

随着时间的推移，这寂寞冷清中的阅读让我越来越着迷，以至于2007年隆冬，我在离开楼梯下的宿舍十年后，主动搬到教室旁的陋室里办公。

将自己的每一天，都当成修炼美的过程，是我最美的心愿。

温馨提示

我相信很多初为人师的年轻女孩子，都曾经历过失落、孤独、寂寞……不必抱怨，接纳现实吧！这有可能是帮助我们成长的最好时机。太过喧嚣热闹的生活，不利于年轻人专注于教学生活。

2. 陪伴学生，享成长之美

虽然阅读能排遣寂寞，但我初为人师时的班级课堂纪律，却让人羞惭。

我所教班级的课堂纪律曾一度差到让人难以容忍的地步，我不得不要求班主任随堂听课，帮我维持纪律……在外人看来，我是“为赋新词强说愁”。那时我每周只有三节课，工作很清闲，但收入不比别人少多少。工作如此轻松自在，将来再找一个好婆家，人生不存在失败，不会被人嘲笑……但是，我不愿意过那种一眼就能看到底的人生，我不愿意承认自己的无能。1997年，学校改为职业学校，音乐课成了专业课，我便主动申请当了两个班的班主任。

但是——人生中总有那么多“但是”——理想很丰满，现实很骨感。面对那些调皮捣蛋、缺乏乐感、没有良好学习习惯的学生，当年急功近利的我内心一次次充满悲哀：“我的学习习惯比他们好，我的音乐天赋比他们高，为什么让我燃烧自己，去照亮他们？”那时我自恃有点才能，总是抱怨环境、抱怨学生、抱怨命运待我太不公……便无故生出许多是非来，心情越发烦躁不安，生活变得一地鸡毛。

偶然的一个机会，我读到了张文亮的散文诗《牵一只蜗牛去散步》。

上帝给我一个任务，叫我牵一只蜗牛去散步。

我不能走太快，蜗牛已经尽力爬，为何每次总是那么一点点？

我催它，我唬它，我责备它，蜗牛用抱歉的眼光看着我，仿佛说：“人家已经尽力了嘛！”

我拉它，我扯它，甚至想踢它，蜗牛受了伤，它流着汗，喘着气，往前爬……

真奇怪，为什么上帝叫我牵一只蜗牛去散步？

“上帝啊！为什么？”天上一片安静。

“唉！也许上帝抓蜗牛去了！”

好吧！松手了！

反正上帝不管了，我还管什么？

…………

我是善感的，我是细腻的，我是多情的，读着这样的散文诗，我一次次想到自己那些个性张扬、问题重重的学生。上帝给我一个任务，叫我陪伴中职学生去成长。我不能要求太高，学生已经尽力学习，可为什么只有一点点进步？我的生命价值是要由学生的成绩来体现的啊！所以，我催他们，我逼他们，我唬他们，学生委屈地申辩："听不懂就是听不懂嘛！""学不会就是学不会嘛！"我真是恨不能打他们、骂他们。学生受了伤害，逆反起来，开始和我冷战。"我怎么这么命苦，为什么让我燃烧自己去照亮他们？上帝啊！为什么？"但是，没有人回答我，我的心情越发灰暗，只有再一次让自己的心沉静、沉静。

也就是在那段时间里，我阅读了《美的历程》《爱的艺术》《生命对你意味着什么》《自卑与超越》《儿童人格教育》等哲学、心理学书籍。虽是囫囵吞枣，却也受益匪浅。我认识到只有用自己的灵感与思维，才能唤醒这些沉睡在字句中的生命。我阅读所吸收的知识开始融入我的班级管理中，我的生活因此变得精彩纷呈。课堂上无论是循循善诱，还是巧言辨析；无论是迂回曲折，还是传递真诚；无论是以柔克刚，还是巧妙询问……都能让学生时而积极思考，时而恍然大悟。我不介意跨越学科教书，也敢于探讨社会上最热门的话题，每一次与学生心灵的碰撞，都能让彼此充满欣喜。

我相信心在哪里，精彩就在哪里。

我给学生写了十万字的书信，为的是让良药不再苦口。其实写信是我与学生沟通中最常运用的方式之一。因为很多观点用口头语言表达出来，不容易被学生接受，有时受场景的影响，甚至会激起他们的逆反心。而娓娓道来的书信，却能让学生充分感受到我们的真诚、善意，并能反复琢磨、细细斟酌。

有一个男生失恋后沮丧不已，觉得没面子，我就写信告诉他。

我必须承认，面子问题一向是我们中国人最大的问题，但是目前的问题是：就算你现在夜不能寐、食不甘味、荒废青春、耽误学业……你的面子就回来了吗？没有……

这样的肺腑之言，学生总是很乐意接受。

当然，更多的时候，我是给女生写信。因为女生的情感更丰富、细腻，更需要理性的引导、悉心的呵护。比如看到学生涂脂抹粉、穿奇装异服，我会写信和她们谈化妆，谈穿衣品位，谈如何清清爽爽做女人，谈如何呵护自己花儿一般的身体。有的女孩子喜欢自称“女汉子”，我会写信告诉她们“女人味儿是什么味儿”，让孩子们明白：无论将来是做家庭主妇，还是做白领丽人，都少不得女人应有的温柔、温顺、贤惠、细致、体贴……而这些美好的品质不会凭空得来，需要从现在开始，一点一滴、日积月累地努力修炼。比如，你不能在公众场合大喊大叫，更不能打架骂人、口出脏言；你不但要把自己收拾得干净清爽，还要将教室和宿舍整理得纤尘不染。女人味儿其实是一种神韵……

青春期的孩子情感细腻，他们在内心深处渴望依靠自身力量去发现问题、解决问题。这样的师生飞鸿，既能保留学生的面子，又能给予他们启发，让他们体验到成长的愉悦。

我给学生写信不讲太多大道理，只是谈谈生活中、学习中他们遇到的小事情、小问题，或者我自己外出时看到的社会现象，用他们能接受的语气，和他们分析、探讨，提供新的思路。

比如，有一次我到外地开会，在火车上遇到三个老人，他们从早上5点钟就开始大声说话、谈笑、吃东西，惹得卧铺车厢里其他人由提醒、劝说、阻止，直到异口同声地谴责，他们才安静下来……

等老人下车后，我打开电脑开始给学生写信，在信中将事情经过描述了一遍。

老人们显然是感觉自己被限制了：不让说话，不让嗑瓜子，甚至不让动塑料袋……老人们也许感觉整个车厢里的人都在和他们过不去。他们活了这么久，也许从来没有像今天这样感到挫败……而且，如果老人们不改变自己的思想观念，只怕每次坐火车都会受到批评、指责。因为他们不清楚，生活在这个秩序井然的社会里，个体的自由不能影响多数人的自由，个体的权利不能侵犯多数人的权利。如果有一天，同学们在某个环境里，感到处处受限制，一定要反思，是不是自己在行使权利的时候，影响到了别人行使权利的自由？比如你上课说话，引起了老师的批评、同学们的侧目，你很委屈，其实，那是你自己说话的自由侵犯了别人听课的自由。比如夜里大家都在睡觉，你却在哗啦啦洗衣服，引起了室友们的不满，你也许沮丧，但根源可能是你洗衣服的权利影响到了寝室里多数人睡觉的权利。请记住，人最大的自由，是遵守规则，遵守纪律；人最大的个性，是包容别人的个性；你若想更好地行使自己的权利，首先不能侵犯别人的权利。在遵守多数人制定的规则的前提下，你才是最自由、最快乐的。

我发愿即使自己活到80岁，也要有18岁少女的情怀，为的是减少和学生的代沟；让人人都做班干部，为的是培养适应社会需求的人才；青睐民主教育，是希望学生在民主生活里学习民主；把我们的教室建设成我们的家，为的是让学生感受彼此深深的爱意、浓浓的亲情。在我看来，做中职学校的班主任，更多的是让生活充满情趣，让学生学会换位思考、多角度观察，而不仅仅是传授知识。

教育是慢的艺术，需要我们用自己宁静、淡定的心去熏陶学生。在这里，我不得不提到《牵一只蜗牛去散步》的后半部分。

让蜗牛往前爬，我坐在后面生闷气。
咦？我闻到了花香，原来这边还有个花园。
我感到微风，原来夜里的微风这么温柔。
慢着！我听到鸟叫，我听到虫鸣。我看到满天的星斗多亮丽。
咦？我以前怎么没有这般细腻的体会？
我突然想起来，莫非我错了？
是上帝叫一只蜗牛牵我去散步！

是的，我的学生脾气火爆、个性张扬、桀骜不驯、毛病重重，陪伴他们成长的道路，自然是一波三折、崎岖蜿蜒；师生间的交往，也是一咏三叹、爱恨交加。但无论我们有着怎样的争执和冲突，都是以“爱”为主旋律。我不能不承认，他们很“热”，他们懂得好歹。无论多么淘气的孩子，只要看见我背着笔记本电脑行走在校园里，都会飞奔过来减轻我肩头的负担；无论一个小时前我们师生曾有着怎样的矛盾冲突，一旦和我走在一起，他们都会热情地为我开门、让路……十多年的班主任工作，我每天都在播种着希望，收获着温情。尽管笑中有泪，乐中有忧，但这些顽皮的孩子真的没有故意为难我。

还记得2004年春，我不小心摔了一跤，导致左臂两处骨折。那段时间，我常常到学生寝室午休，学生会细心地为我铺床叠被，帮我梳头，甚至为我系鞋带。当师生的情谊转化为亲情，一切教育便了无痕迹。

我曾经带过一个八面玲珑的学生菁菁，她惯于瞒天过海、投机取巧，自己在幕后操纵，使得班级鸡飞狗跳，师生离心离德。在我们师生冲突最激烈的时候，我曾私下里要求学校假装开除她，我曾带领全班同学“孤立”她，目的只是为了让她回心转意。但是，就是这样的学生，在毕业前夕，得知我因忙碌没有吃晚饭，便步行20多分钟，为我买“台湾六合包”——不是学校附近没有包子卖，只是因为那家面食店的“台湾六合包”最好吃。

还有一个情窦初开、做事冲动、闯祸不断的圆圆，在严重违反校规，被学校劝退后，逢年过节，都会给我发问候的短信，并经常回学校来看我。每次收到她的短信时，我不免回忆往事：新生入学军训时，我每次到寝室，圆圆都在整理内务；运动会上，圆圆带病飞奔夺得冠军；班级评比得红旗后，圆圆抱着我欢呼跳跃；我毫不留情地揭穿圆圆的谎言，她尴尬无比；旷课后圆圆和妈妈在电话里争吵，我气得发抖，我们在我的办公室里赌气互相不搭理；圆圆为父亲爱赌博担忧，我们一起流泪；寝室里我想找和圆圆要好的男生谈话，她拉着我的胳膊撒娇……后来，她失踪了……再次回来，学校却决定劝退她……

虽然圆圆最终离开了我们班，但是，我知道她始终没有离开我，我们师生的心依然贴得很近很近。教育，不能太过功利化。更不能因为学生失学，就认为自己失败，如同我们不能认为学生待在学校，就肯定他能成才一样。圆圆经历了许多风波后，离开学校，她会对学校产生一种美好的情感，她会有温馨的回忆，这种回忆将陪伴她一生。至少，她会真诚地留恋自己在学校接触过的人——老师、同学，她走向社会后，即使做坏事也坏不到哪里去。因为在她的内心深处已经埋下了向上、向善的种子，她也很可能会成为社会的有用之才。因此，我总感觉自己对孩子的教育是一粒粒撒在他们心田的种子。这种子不一定晚上播种，早晨便能吐出嫩芽。但只要那种子是饱满的，是有生命力的，有朝一日终会在孩子的心里扎根、发芽、抽枝、开花、结果。面对教育，教育者需要拥有一颗平常的心，只求顺其自然，用这样的心态和学生交往，怎么会不收获来自学生的真诚的情谊？

当我不再急功近利，不再盯着竞赛成绩，忽然发现自己的学生原来是那样可爱，自己的生活原来可以如此有声有色。我以前阅读的书籍，自然糅合到了我的言谈举止中，无不影响着追求浪漫和诗意的青少年学生，我也因此成了深受学生欢迎的班主任。我每天都收获着学生的信任和赞许，班级固然卓越，同学们毕业后也有了骄人的成绩。

我恍然明白：逼迫我思索、促使我进步、帮助我成长的，正是这些职业学校的学生；让我的生活精彩纷呈、回味无穷的，也正是这些让人头疼不已，又喜欢不尽、割舍不下、优秀卓越的学生。

原来，上帝不是让我牵一群蜗牛去散步，而是让蜗牛牵着我去散步啊！这个散步的过程，何其从容！这个散步的团队，何其卓越！这种师生情谊，何其美丽！

温馨提示

许多人认为教师的工作太过琐碎，每天面对着孩子、课堂、教材、试卷……试问：哪一种工作不琐碎呢？银行工作人员的工作就不琐碎吗？每天存钱、取钱，面对陌生的顾客……医生的工作不琐碎吗？看到的总是病人痛苦的表情，忙起来甚至连上厕所都没功夫……既然选择了教师这个行业，就不要埋怨学生的问题何以那么稀奇古怪，就好像医生不能埋怨病人何以患如此奇怪的病一样。

3. 抵抗平庸

每个人的一生，都会有几个关键年份。2005年于我，就很关键。

那年暑假，我参加了学校教科室主任的竞聘，却以失败告终，心情不免灰暗。如今回首往事，我非常感激那次失败的经历。如果我当了中层领导，还能在悠闲中尽情品尝班主任工作的乐趣吗？还能拥有今天的成绩吗？答案肯定是否定的。况且，我对当官不感兴趣，我感兴趣的只是中层领导的办公环境——拥有一间单独的办公室，可以安静地读书、写作、思考……但后来的事实证明，“闭门即是深山，读书随处净土”，要想学习、思考，关键是心静。

我心态的转折是从2005年8月一个百无聊赖的午后开始的。那天，我无意中阅读了李镇西老师为自己的班级日记《心灵写诗》写的序，深为感动，继而思忖：这样的文章我也会写。

就是这么一个轻而易举的决定，让我走上了班主任专业成长之路——我开始在夜深人静的时候，一边回忆着当天发生的班级故事，一边用键盘敲下来。我没有想到这些文字将来能出版，我只是想在书写的过程中，提高班主任工作能力。同时，我和所有多愁善感的女人一样，常常叹息红颜易老、青春易逝。写日记，也是我挽留青春的一种方式。没有出版、没有发表、没有读者又有什么关系？等到我步履蹒跚、两鬓斑白的时候，翻阅年轻时写下的文字，多少是一种安慰。却也正是这不迎合任何人口味的写作，让我有了意想不到的收获。两年时间，我积累下二百万字的教育随笔，出版了《我班有女初长成》等四本著作，成为一个深受学生欢迎的班主任。

所以，我深信老子的话，“祸兮福之所倚，福兮祸之所伏”。我更相信老子的“夫为不争，故无尤”，我那不为发表写下的文字，饱含教学生活的酸甜苦辣、喜怒哀乐，反而赢得了众多读者的关注。

这几本书的出版，让我体验到了被外界、被自己认可的愉悦，也引起了周围同事的惊诧。我的生活在不知不觉中和以前不一样了……

2006年元月，我为学生召开了一节爱情教育的主题班会，参加学校组织的班会比赛。

当时我们学校选了一些资历较深的老教师当评委。比赛结束，我策划的班会的分数排名倒数第二。据说原因是：部分班级的班会虽然主题不够鲜明，但唱歌跳舞小品相声形式多样；部分班级召开感恩班会，谈到母爱，一个个哭得稀里哗啦。与这些班级相比，我们的班会更多的是理性思辨，不够热闹，也不够煽情，所以分数排名倒数第二。

惊诧之余，我不服气。

我可以不介意获奖的名次，但是，我想知道好的主题班会究竟是什么样子的，我希望获得专家的鉴定。一节课的“活”，难道仅限于课堂表面的热闹喧嚣和煽情？学生在积极思考，算不算“活”？我找到《班主任之友》杂志的投稿邮箱，将班会实录的电子稿发出去。

两个月后，这节班会实录被《班主任之友》杂志全文刊发，同时，我还收到汪媛编辑的亲笔回信，得到了她的鼓励。

从此，我开始频频在杂志上发表文章，我开始积极思索爱情教育和主题班会的策划问题，并在2010年出版了《我和学生谈爱情——将爱情教育进行到底》，2015年出版了《中职主题班会设计技巧与优秀案例》。在此之前的2007年，在《班主任之友》主编田恒平老师的推荐下，我开始走向班主任培训的讲台，这让我有更多的机会与全国各地的优秀同行交流、分享，也让我清楚地看到了自己身上的不足和短板。

如今回首往事，我很是感慨：自己的所有努力，都得到了回报。我不甘屈从于那些不合理的标准，只走自己想走的路，找到并抵抗教育中的各种平庸。我知道这很难，因为在我们的教育生活中，一些不那么美甚至有些恶的事情每天都在上演着。

我深信，一切源自内心的、真诚善意的探索，都是美丽的。

张元曾经导演过一部电影——《看起来很美》。小主人公方枪枪一开始是做梦都想得到小红花，得到班主任李老师的表扬。但是，他做不到夜里不尿床，他做不到在规定时间里排大便，做不到李老师弹琴时憋住不放屁……对，就是放屁这个镜头，太典型了——方枪枪放屁了，他自然是不敢承认的。李老师便让孩子们撅起屁股，她也不怕臭，凑到一个个孩子的屁股上闻……看起来很美吗？

李老师终于闻到方枪枪和北燕的屁股有点臭，就把他们赶到厕所里去拉便便。小红花又泡汤了，方枪枪终于失望了，开始故意捣乱……

在孩子的成长中，已经沿用多年的看似很公平的小红花奖励制度，真的就很美吗？李老师追究“屁”的事很认真，她自己也不怕脏……但是这样做，好吗？美吗？

温馨提示

在真实的教育生活中，我们经常在无意中把孩子推向了自己的对立面，推向了教育的对立面，推向了恶的一面。每思及此，我便警醒自己，要时刻站在学生的立场上，时刻站在善的立场上。唯有不断地反省，才可能使教育有更多美的色彩。

4. 何为教师之美

2015年暑假，我参加了“河南最美教师”的评选。某同事听说后，在单位QQ群里嗤之以鼻：“李迪？有什么资格？人家为了学生，都残废了……或者未老先衰，家庭也不要，孩子也不管，除了工作什么都没有……她呢……”

在现实生活中，我们确实耳闻目睹了很多为工作、为学生舍弃家庭和孩子甚至生命的优秀教师，媒体往往把这些人物及他们的事迹当成我们学习的榜样来大力宣传，宣传时又往往给人一种错觉——似乎“爱学生”“爱事业”，或者要想成为“最美教师”就要舍弃很多幸福和快乐。这是媒体宣传的初衷吗？

或者说，我们评选“最美教师”，树立教师榜样的目的是什么？

当然是号召大家向他们学习。

但是，如果媒体宣传仅仅停留在那种为了工作舍弃健康、家庭、幸福快乐的生活层面，有几个人能做到？又有几个人愿意做到？这只怕是对“美”的误解吧！这些观念会导致老师们害怕成为“最美”，拒绝成为“最美”，这就是我所说的对“美”的伤害。究其原因，是我们在评选中任意提高了“美”的道德标准。

其实，众所周知，美的形式是多元的。

我想起了子贡赎人的故事。

鲁国有一条法律：鲁国人在国外沦为奴隶，如果有鲁国人能把他们赎出来，回国后就可以到国库中报销赎金。有一次，孔子的弟子子贡在国外赎回了一个鲁国人，回国后不肯接受国家的赔偿金，人们都称赞子贡大公无私。但是孔子说，“赐（子贡名端木赐）啊！你做错了，你这样做会破坏鲁国的法律。从今以后，鲁国人就不再愿意为在外的同胞赎身了。”因为，人们都赞美子贡不肯接受赎金，那么，下一个在国外看见鲁国奴隶的人，如果赎了奴隶，还敢不敢要赎金呢？如果要了，人家会说：子贡都不要赎金，你为什么要？所以你不够高尚，不够无私。换位思考一下：我好心好意地帮助奴隶赎身，最后却落得个品德不够高尚的评价，以后我还愿意为同胞赎身吗？如果赎人后不要赎金呢？自己家又确实需要这些钱。并不是所有人都像子贡那么富。所以，孔子对子贡说，“你如果接受了国家的补偿金，并不会损害你的行为；而你不肯拿回你抵付的钱，别人就不肯再赎人了。”

又有一次，孔子的另一个弟子子路救起一名落水者，那人为了感谢他就送给他一头牛，子路收下了。孔子说，“这下子鲁国人一定会勇于救落水者了。”

“子贡赎人”是用自己的钱做了一件好事，本应该被树为道德典范，孔子为何反而要批评他？因为子贡的行为在客观上把原本人人都能达到的道德标准拔到了大多数人难以企及的高度，这样使很多人对赎人望而却步。

违反常情、悖逆人情的道德是世上最值得提防的。把道德的标准无限拔高，或者把个人的私德当作公德，两种做法只会得到一个结果，那就是让普通民众闻道德而色变，甚至远道德而去！！

孔夫子见微知著，洞察人情，实在是了不起。

同样，如果把“最美教师”的标准提高到必须牺牲自身健康、家庭幸福、子女成长……会让大多数普通教师对“美”望而却步，这反而是对“美”的伤害。

我非常尊敬那些为了事业无私奉献的教师，输在他们面前，我心服口服。我的观点是：社会发展到现在，人们对美的理解开始多元化，并非牺牲小我成就大家才是唯一的值得称道的美。孩子不是父母的私有品，他们是祖国的未来。倘若为了别人的孩子，忽视自己的孩子，万一（我说的是万一）导致自己的孩子成为“问题学生”，那不是把难题推给了自己孩子的老师吗？倘若孩子走向社会成为“问题青年”，那岂不是对社会不负责任吗？一个优秀的教师，拥有健康的身体、积极的心态，美美地活着，不是我们个人的事，而是能影响到家庭生活、工作质量、学生成长的事。孝敬老人、赡养父母更是整个社会伦理道德的需求。我们教师一定要在照顾好家庭的同时，在工作上也做出卓越成绩。做一个积极阳光、善于学习、善于思索并能享受人生的美丽教师，才是社会的需求，才是广大老师愿意学习的标杆。

以上观点，我曾经写成文字，投稿给《教育时报》。几天后，被《教育时报》全文刊发。

至此，我明白：一个教师，在工作中难免遭到误解，实在没有必要斤斤计较，否则可能相互伤害。我的做法是：拿起笔，将自己的想法写出来，投稿给自己所敬重的媒体。如若你的见解果真善意真诚有见地，自然能被刊发，而且能影响更多的人。这才是教师应该拥有的大的格局，美的格局。

2016年暑假，我和先生冒着酷暑，千里迢迢跑到兰考去买了一台古琴（当年焦裕禄为抗风沙，带人在兰考种了很多泡桐树，它正是制作古筝、古琴的好材料）。当我用手弹拨一下，古琴发出低低的清雅之音，我的内心瞬间充满了喜悦……

有心直口快的朋友纳闷：李迪，你可真会给自己找事，好不容易放暑假了，还不看看电视休息休息？学什么乐器！你以为你现在才十几岁啊！

人过三十不学艺，你听说过没有？你将来还能依靠这个吃饭？

但是，我真的从没感觉到自己已经到了可以不学艺的年龄。一切美的事物——蓝天、白云、鲜花、小草、清泉、山川、繁星、月牙儿……我都欣赏；一切可以让自己变美的项目——瑜伽、茶艺、诗词、音乐、插花……我都想学。有时候，我会冥想：在宁静的夜晚，月色朦胧，萤火虫照夜空，爱人灯下阅读，孩子温习功课，我就做一个点香的女子……多美！如此，岂止古琴，我甚至想找香道师学习焚香之道了。

但是，就在我振振有词地反驳朋友的时候，音乐造诣颇深的哥哥频频摇头：你在这个年龄想要再学门乐器是好事，但是何必非要选古琴？古琴的音量很小，和蚊子嗡嗡差不多。以前古人“独坐幽篁里，弹琴复长啸”，是因为那时没有噪音污染，皓月当空时，万籁俱寂，弹起古琴来远处的人也能听得见。现在市区里的汽车声、喇叭声……各种噪音不绝于耳，在这样的环境中，古琴声听起来就是“嘣儿——嘣儿——”的。再说就算你学会了，你弹给谁听啊，谁能听得见啊，这都是快要被淘汰的乐器了……我建议你学古筝，古筝既有古韵，又清脆悦耳，你随手一拨拉，就像流水声，学起来也简单，很快就能演奏，并获得掌声……

然而，哥哥，你哪里知道妹妹的心思？我学习古琴，完全是为了修身养性。我是弹给自己听的，何必非要得到别人的掌声？古筝因为有一个“筝”字，据说含“争辩”“争斗”之意。这是我不喜欢的。我想宁静致远，我要享受寂寞，古琴于我就是最好的乐器。而且，古筝是入耳的，古琴是入心的；古筝是弹给观众听的，古琴是弹给自己和知音听的。我喜欢的就是古琴那绝不扰民的音量。我沉迷的就是这种需要心静才能聆听的清雅。

我希望，清雅的古琴可以帮助我找到内心的美，让我始终保持教师的本色。

温馨提示

在这个喧嚣的社会里，我们常常过于在意外在的鲜花、掌声，过于在意别人的评价，而忽视了自己内心的需求，导致很多人失去了对工作、学习的兴趣。或者说，忽视自己内心需求的现代人，往往会把对生活、工作、学习本身的兴趣，转化为对外在荣誉的兴趣。一旦得不到荣誉，就会伤心、难过……这其实是对教师内在之美最大的伤害。

5. 学习偶像是为了成为更好的自己

回首往事，我在青春年少模仿力最强的时候不曾追星。虽然每个时期值得我学习的榜样都有很多，但他们还没有达到让我崇拜的地步。却不料，如今人到中年，我却拥有了自己崇拜的偶像。多数青少年追星的过程是狂热的、感性的，但我必须承认，自己要追的“星”或者“家”，是经过理性思考的。

如前文所说，我的长期目标是：在我80岁的时候，成为一个美丽、优雅、可爱的老太太。至于怎样美丽、优雅、可爱，我的内心并不清晰。我只是希望自己在慢慢变老的过程中，不要一天天丑陋、庸俗、肤浅下去。直到有一天，我读了资中筠先生的文章，看了资中筠先生的照片，听了资中筠先生的演讲，我在为她的优雅、睿智、知识渊博、社会责任心强……而惊叹的同时，忽然知道了自己努力的方向——就是她，我所崇拜的人就是她，在我80岁的时候，我想拥有她的模样。

资中筠先生出生于1930年，17岁考入燕京大学，18岁转入清华大学。如今她满头白发，却思维敏捷、风度翩翩。最难得的是，她一方面淡泊名利，一方面却极具社会责任感。这看似矛盾的两面，竟然如此完美地结合在一起，给人高山仰止之感。

据说，追偶像的第一步是买偶像的东西。所以，我买了资中筠先生的全套书籍，一本本研读，并自我对照。资先生出生于民族资本家家庭，属于大家闺秀；而我，出生于太行山区，是地道的山村丫头。她接受的是民国时期的文化教育，熟读四书五经，深谙西方文明；我接受的是20世纪80年代的山村教育，除了教科书，很少有课外读物。她在17岁的时候，就举办了个人钢琴演奏会；我17岁之前，都没有摸过钢琴。她17岁的时候，考入燕京大学，英文功底极好；我学的却是哑巴英语。她是国际政治及美国研究专家、翻译家，中国社会科学院荣誉学部委员，美国研究所退休研究员、原所长、博士生导师……我却仅仅是一个普通的一线教师。

这中间的距离何其大?

但是，我就这么决定了，我要追的偶像就是她。虽不能至，心向往之!

文章写到这里，我忽然想起了《孟子》一书里的故事。曹交问道："人人都能成为尧、舜，有这说法吗？"孟子说："有的。"曹交又问："我听说文王身长十尺，汤身长九尺，我曹交有九尺四寸多高，只知道吃饭罢了，怎样才可以（成为尧、舜）呢？"孟子说："这有什么难的呢？只要去做就行了。如果有个人，力气提不起一只小鸡，那他就是个没有力气的人了；如果说能举起三千斤的东西，那就是个很有力气的人了……（如果）你穿尧所穿的衣服，说尧所说的话，做尧所做的事，这样也就成为尧了。（如果）你穿桀所穿的衣服，说桀所说的话，做桀所做的事，这样就变成桀了。"

我非常喜欢孟子的机智和雄辩。资中筠先生今年87岁，我将用40多年的时间去研究她，阅读她曾阅读过的书，做她希望年轻一代该做的事——比如启蒙教育。遇到事情，先想想她会怎么做，怎么说，能否给我的选择一些借鉴？比如，资中筠先生用笔名翻译了《廊桥遗梦》，一时畅销，读者开始寻找翻译的人。后来媒体找到资中筠先生，想要采访她，这是一个大红大紫的绝好机会，资先生却婉言谢绝了。她觉得自己别的作品更有价值。她觉得自己翻译《廊桥遗梦》并没有下太大的功夫，读者要是喜欢，那就喜欢吧！她自己没必要借此获得什么名利……

这就是我最喜欢的啊!

资中筠先生在音乐方面的造诣颇深，她会创造一切条件，在每天下午的5点至6点去弹琴。哦！这真的让我汗颜！我在系统学习资先生的书籍之前，还真不知道她酷爱弹钢琴。难怪她气质不俗，原来是因为她除了受中西文化的浸润，还一辈子接受着音乐的熏陶。

但是，以上这些，都还不是最让我钦佩的。资先生最让我佩服的，是她“常怀千岁忧”的情怀。我常常惊叹资先生的社会责任感之强，以及视野的开阔、思维的缜密。她是一个很有情调的女人，目光却不仅仅停留在自己的饮食起居、爱好兴趣上，她更多关注的是人类的疾苦、世界的和平。

我深深明白自己与资先生之间的距离有多远。但是，她的年龄比我大了一倍多呢！我可以用后半生去缩短这个距离，将传统文化和西方文明一起补习。我可能永远达不到她的高度，但是，我崇拜偶像不是为了成为偶像，而是为了成为更好的自己。

很早以前，我听说过一句话：你以什么人为榜样，你就会成为什么样的人。除了资中筠先生，我的偶像还有叶嘉莹、李吉林、张德芬、龙应台等知识女性。

我将叶嘉莹当作自己的偶像，买了她的《唐宋词十七讲》《小词大雅》等书认真阅读。但是，叶先生对诗词的讲解还不是最感动我的地方，当然，这些书也让我十分着迷。我深深被她吸引、感动的，是她对诗词的敬重。一个80多岁的老太太，在给学生讲课的时候，总是站着讲。她说，这是她对诗词的敬重。单凭这一个举动，就值得我终身学习。我是不是也应该一辈子敬重讲台、敬重学生？她将生命完全奉献给了诗词，或者说诗词就是她的生命。

叶嘉莹的一生几乎与中国近现代史同步，她经历了那个时代的幸与不幸。在恩师的影响下，她对古诗词、古典文化的热爱与研究延续一生。

20世纪60年代，叶嘉莹远赴哈佛大学教授中国古典诗词，并与人合作做古诗词研究。那段时光，让她受益匪浅的是哈佛大学图书馆丰富的藏书。“我的办公室就在图书馆楼上，与我合作的美国教授为我提供了很多方便，他告诉图书馆的人：‘你们5点钟闭馆，但是叶先生可以一个人留在里面看书。’”为了尽可能利用一切时间学习，她每天很早起床，一杯咖啡、两片面包做个三明治，带到图书馆当午餐，然后去图书馆外的推车上买个三明治当晚餐，一直工作到天黑……后来，女儿和女婿在一次车祸中遇难……但是，这个老人依然优雅从容地活跃在诗词欣赏的讲台上……

读着她的书，了解了她的故事，我深切明白，爱惜生命最好的方式，就是让自己的每一天都活得有意义。因为将事业看作挚爱，她才能经得住生活中的所有磨难。任何一个热爱工作、热爱生活、热爱生命的人，都可以从她的身上得到启发——至少我从她的身上得到了启发。

张德芬是一位心灵作家。2012年，在我患病最迷茫、无助的时候，是她的书给了我力量。我选择以她为榜样，喜欢她那优雅、从容、淡定的模样，喜欢她热爱生活的状态。我自认为自己离她，比离资中筠、叶嘉莹、李吉林要近一些。受张老师书籍的影响，我开始练瑜伽。在练瑜伽之前，我对自己的身材是很自信的。但走进瑜伽课堂后，我才知道自己的自信简直没有道理。很多即将50岁的人，身体的柔韧性比我好很多。至此，我每次走进瑜伽课堂，都忍不住要多一分谦卑。

这也正是身处红尘中的我最需要的——谦卑。

有书籍的陪伴，有工作的充实，有榜样的引领，我希望自己行走在教育的道路上，不会错过人生的好风景。向偶像学习，是为了成为更好的自己。

温馨提示

我们在学校专注于教学，展现的是一种享受工作的状态，也是对家庭压力的释放。有的教师家里遭遇很多变故，却依然朝气蓬勃有活力，他们这种积极上进的精神面貌是非常值得称道的。

下辈子依然做教师

冬日的午后，沏一杯清茶，临窗独坐，低头是由衷喜欢的文字——《做一个灵魂有香气的女教师》的初稿，抬头是满眼灿烂的阳光。用古琴弹一曲《凤求凰》，心头顿时一片空灵，自觉远离尘世纷扰。这种闲适宁静的感觉极好，让人油然而生“热泪欲零还住”的感动。

感恩源创图书王玉梅女士的邀约。感恩我家先生的理解和支持。感恩上苍赋予我的柔情和灵性。感恩我的儿子赵铎皓写下很多篇文章（比如《薛蟠是个“好哥们儿”》）激发我的智慧。感恩生活里的种种收获和磨难……《做一个灵魂有香气的女教师》的书稿今天终于完成了。放松之余，我忽然有了一个很迫切地想表达的愿望——下辈子依然做教师。

下辈子依然做教师，做和我现在一样清贫人家的女教师。不要豪宅，不要香车，用心去爱却不疯狂，活得向上却不张扬。不左不右，不偏不倚，做一个平凡而不平庸、低调而不颓废、平和却不冷漠的女教师，只要一种心灵的舒展，能让自己把一切看得平淡轻松。固然，我们应该要求自己不断上进、不断超越、追求升学率，却还要像现在一样，用另一种要求——淡泊名利、轻松充实——促使工作和学习平衡。

下辈子依然做教师，做和我现在一样有些迷糊的女教师。固然，我们需要用清醒敏锐的眼光去认识世界，了解学生，但雾里看花、水中望月，更有一种朦胧之美。我知道自己的学生都是有毛病的好孩子，我相信他们在受到我严厉批评后依然会敬我爱我。如此，用一点薄薄的烟雾，去把残酷的现实软化，心头会多一点幸福，多一份甜蜜，多一丝柔和，多一些感动。

下辈子依然做教师，做和我现在一样喜欢读书的女教师。固然，姣美靓丽的容貌惹人爱怜，但没有精神内涵的美女定会如塑胶花般缺乏灵性和生机。让自己在书籍的滋润下，变得深邃又单纯、执着又潇洒、真诚而练达、柔弱而坚强。让自己在失败面前很平静，在成功面前不轻狂。不以物喜，不以己悲，知书达理，乐观向上，抱着一颗平常心去体味多彩的人生。

下辈子依然做教师，做和我现在一样热爱锻炼的女教师：白天与学生一起跑步，晚上跟教练学习普拉提。运动会上与学生一起参加入场式，观众席上的同事们分不清哪个是老师，哪个是学生……

下辈子依然做教师，做和我现在一样备受丈夫呵护的女教师。不必有金银珠宝，不必穿华丽的服饰。若能在青山绿水边教书是最好，可以在闲暇中相携去看桃红柳绿，共同打理菜园麦田。“竹榻夜移听雨坐，纸窗晴启看云眠。”在这样的恩爱缠绵中，自己活到80岁，依然有丰富细腻的少女情怀和灵性。

下辈子依然做教师，做和现在一模一样的女教师。无论如何，爱自己的性别是极好的，对现状满意也没有一丁点儿错。就这么决定了，下辈子依然做教师，做一个温柔又善良、宽容又认真、毛病很多却又深受学生欢迎的灵魂有香气的女教师，极好！

图书在版编目（CIP）数据

做一个灵魂有香气的女教师 / 李迪著. —北京：中国人民大学出版社，2018.2

ISBN 978-7-300-24536-2

Ⅰ. ①做… Ⅱ. ①李… Ⅲ. ①女性—教师—工作—文集 Ⅳ. ① G451-53

中国版本图书馆 CIP 数据核字（2017）第 133608 号

做一个灵魂有香气的女教师

李 迪 著

Zuo Yi Ge Linghun You Xiangqi de Nü Jiaoshi

出版发行	中国人民大学出版社		
社　　址	北京中关村大街31号	**邮政编码**	100080
电　　话	010-62511242（总编室）		010-62511770（质管部）
	010-82501766（邮购部）		010-62514148（门市部）
	010-62515195（发行公司）		010-62515275（盗版举报）
网　　址	http://www.crup.com.cn		
经　　销	新华书店		
印　　刷	北京华宇信诺印刷有限公司		
规　　格	168mm×239mm　16开本	**版　　次**	2018年2月第1版
印　　张	12　插页1	**印　　次**	2023年2月第11次印刷
字　　数	180 000	**定　　价**	49.80元